Loi de l'attraction : mode d'emploi

De la même auteure aux Éditions Jouvence

Mon Cahier poche : Je pratique la loi de l'attraction
Attirer l'amour par la loi de l'attraction
Les pensées négatives, c'est fini !
Être généreux
Pratiquer la loi de l'attraction au quotidien (coffret)
Domptez votre emploi du temps, c'est parti !
Le Pouvoir de l'intention

Catalogue gratuit sur simple demande

Éditions Jouvence

France : BP 90107 – 74160 Saint-Julien-en-Genevois Cedex
Suisse : Route de Florissant, 97 – 1206 Genève
Site internet : **www.editions-jouvence.com**
Mail : info@editions-jouvence.com

ISBN : 978-2-88953-115-8

Dessin de couverture : Jean Augagneur
Maquette d'intérieur : Virginie Cauchy
Couverture : Éditions Jouvence
Composition intérieure : SIR Madagascar

Slavica **Bogdanov**

Loi de l'attraction : mode d'emploi

Vers le bonheur, le succès et la réussite

jouvence
EDITIONS

Sommaire

Pictogrammes

- À retenir
- Attention
- Bon à savoir
- Conclusion
- Le petit plus
- Le saviez-vous ?
- Exercice
- Variante
- Pour aller plus loin
- Recette
- Témoignage
- Trucs et astuces
- Un peu d'histoire
- Zoom
- Huile essentielle

Notre collection Maxi-Pratiques se veut claire, lisible, didactique et facile d'accès. Elle comporte des rubriques reconnaissables par des pictogrammes (ci-dessus) ; vous accédez ainsi à l'essence de nos livres rapidement (chaque livre ne contient pas forcément tous les pictogrammes présents). Bonne lecture et bien du plaisir !

Introduction

Quelle vie désirez-vous vivre ? Désirez-vous être témoin de « miracles » au quotidien ? Souhaitez-vous enfin comprendre comment vous pouvez améliorer votre vie et celle des gens qui vous entourent ? Voulez-vous vivre dans un état de paix intérieure, avec peu ou pas de soucis ?

La loi de l'attraction est une loi incontournable de l'univers, présente à chaque instant de votre vie. Elle se fonde sur l'idée que tout est énergie et que les énergies similaires s'attirent. Tout ce à quoi vous pensez, tout ce que vous dites et faites a pour résultat d'attirer à vous une conséquence équivalente. Que vous y croyiez ou non, elle agit en arrière-plan et façonne votre existence. Ignorer cette loi peut être aussi néfaste que de vouloir sauter sans parachute en ignorant la loi de la gravité. La connaissance de la loi de l'attraction est fondamentale si vous souhaitez avoir plus de succès dans tous les domaines de votre vie. Peu importe où vous vous trouvez à l'heure actuelle, vous pouvez transformer votre vie pour le meilleur. Il n'est jamais trop tard et les changements pourraient se produire bien plus rapidement que vous ne le pensiez au départ.

– Vous trouvez-vous coincé dans une situation qui semble s'éterniser ?

– Avez-vous l'impression de tourner en rond ?
– Voulez-vous améliorer votre situation financière ?
– Rêvez-vous de rencontrer l'âme sœur ?
– Votre santé laisse à désirer et vous aimeriez connaître un regain de vitalité ?
– Souhaitez-vous obtenir plus de succès au quotidien ?
– Voulez-vous en finir une fois pour toutes avec les idées sombres qui vous empêchent d'avancer ?
– Désirez-vous devenir maître de votre destinée ?

Vous serez ravi d'apprendre que ce livre comporte la solution à ces questions, et bien davantage. Il va bien au-delà de tout ce qui a été écrit à ce jour sur la loi de l'attraction. Vous allez apprendre comment attirer le meilleur à vous dans tous les domaines. En suivant les exercices et les conseils offerts, vous pouvez complètement transformer votre vie et expérimenter le bonheur au quotidien.

Le petit plus

Pour pratiquer la loi de l'attraction, vous pouvez vous procurer le *Mon Cahier poche : Je pratique la loi de l'attraction*, paru aux Éditions Jouvence, en complément de ce livre.

De plus, vous trouverez les principes fondamentaux régissant la loi de l'attraction qui permettent de réaliser vos désirs plus rapidement. Vous serez en mesure de mettre en lumière les blocages profonds qui peuvent vous empêcher d'attirer le meilleur à vous et qui risquent même de vous attirer l'inverse des buts escomptés. Vous trouverez des solutions pratiques pour y remédier.

Au cours de mes recherches, j'ai créé une méthode efficace pour accélérer le processus de la loi de l'attraction. Celle-ci implique une succession d'étapes et d'exercices qui, pour atteindre des résultats plus probants, se doivent d'être effectués dans un ordre chronologique. Chaque étape a pour but de vous faire avancer méthodologiquement. J'ai élaboré une combinaison gagnante qui vous donne accès à toute la puissance de la loi de l'attraction. Ne pas respecter l'ordre de ces étapes équivaudrait à réaliser un plat complexe sans suivre de recette précise. Il est important de bien assimiler chaque exercice avant de passer au suivant, afin d'intégrer efficacement chaque enseignement dans votre vie quotidienne. Plus vous suivrez les conseils de ce livre, plus vos vœux se réaliseront facilement, jusqu'à créer des « miracles ». Tout dépend de vous.

Pour certains exercices, vous devrez vous munir d'une feuille et d'un stylo. Chacun d'entre eux requiert un minimum de temps, entre trente minutes et une heure par jour. Vous pourrez donc aisément trouver un créneau dans vos occupations quotidiennes pour les réaliser. Dans un mois, ces exercices feront si bien partie de vos habitudes que vous n'envisagerez même plus de vous y soustraire. Je souhaite vous donner le courage de vous engager dans cette voie magique. Cet investissement vous sera bénéfique pour l'acquisition des connaissances sur la loi de l'attraction.

Prenez votre temps. Il est préférable de changer une habitude à la fois, mais pour de bon, plutôt que de vouloir finir trop rapidement et de renouer aussi vite avec son ancien comportement. Imaginez un élastique. Si vous l'étirez excessivement et rapidement, il aura tendance à vouloir revenir à son état initial. Dès que vous le relâcherez, il claquera. À l'inverse, si vous étirez lentement un élastique, il prendra la nouvelle forme et ne reviendra plus à son état initial. Si vous voulez évoluer trop vite, vous vous découragerez ou sauterez des étapes fondamentales. Mieux vaut bien faire les choses pour que votre vie s'éclaire de manière permanente.

À chaque fois que vous remplacerez une habitude, vous constaterez des changements flagrants dans votre vie. Chaque minitransformation aura des répercussions positives dans votre quotidien, qui vous motiveront à continuer sur le chemin de votre réussite. Une fois qu'une nouvelle habitude sera profondément ancrée dans votre vie de tous les jours, vous pourrez passer à la suivante, et ainsi de suite. Les grandes réussites, comme les grandes défaites, ne se produisent pas du jour au lendemain. Elles sont forgées par de petits gestes, positifs ou négatifs, au jour le jour.

Trucs et astuces

Observez un golfeur qui envoie sa balle à des centaines de mètres. Il suffit d'un calibrage minuscule au départ pour voir un décalage immense à l'arrivée. Il en est de même dans la vie. Un simple geste répété peut avoir une portée immense au fil du temps.

Ne sautez pas de section ou d'exercice, même si vous pensez ne pas en avoir besoin. Votre ego vous joue souvent des tours, car il préfère demeurer le roi de votre vie. Il utilise vos peurs, vos craintes et vos doutes. Il préfère une vie remplie de problèmes. Il va donc peut-être essayer de vous convaincre en vous chuchotant à l'oreille: «Tu n'en as pas vraiment besoin», ou: «Cela ne sert à rien, tu perds ton temps.» Vous pouvez aussi ressentir des moments de fatigue intense avant certains exercices. Si ces phrases vous viennent à l'esprit ou si ce sentiment de lassitude s'empare de vous, sachez que c'est votre ego qui veut garder le contrôle. Vous avez peut-être inconsciemment peur de «trop» de succès. C'est possible. Ralentissez alors le rythme, mais ne sautez pas d'étapes.

Servez-vous de ce livre dans tous les domaines de votre vie. Que ce soit pour avoir plus d'argent, une vie amoureuse plus épanouie, une santé de fer ou des «miracles» au quotidien. Pratiquez les exercices chaque fois que le besoin s'en fait ressentir. Si vous ressentez un blocage, revenez au début. Il arrive fréquemment que l'on s'éloigne des principes de base. Ce faisant, on retourne au point de départ. Plus vous vous exercerez, plus vous développerez votre maîtrise de la loi de l'attraction.

Les personnes qui ont le plus de succès – et, surtout, qui sont les plus heureuses – suivent des méthodes pour utiliser la loi de l'attraction à bon escient. Rappelez-vous que celle-ci est toujours présente. C'est à vous de choisir d'y avoir recours pour attirer vers vous le meilleur dans tous les aspects de votre vie. J'ai été témoin de nombreuses transformations positives et de « miracles » dans ma vie et dans celle des personnes que j'ai conseillées. Je sais que votre vie peut être magique en bien des points, peu importe votre situation. Vous avez le pouvoir d'attirer à vous le meilleur tous les jours. Il n'est pas toujours facile de changer et de sortir de sa zone de confort, mais le résultat en vaut la peine.

chapitre 1

Les principes de base

Persévérance et détermination

Pour attirer ce que l'on veut, il faut savoir ce que l'on veut. Et cela n'est pas toujours aussi évident qu'il y paraît. Prendre des décisions fermes et se diriger vers sa réussite avec persévérance et détermination sont des disciplines qui s'apprennent. Dès que vous faites un choix délibéré, l'univers s'active dans cette direction. Dès que vous hésitez, vous provoquez des blocages. Il faut agir en concordance avec vos désirs et vos souhaits pour accélérer la loi de l'attraction.

Se remettre au volant de sa vie

Beaucoup de gens ne vivent pas au maximum de leur potentiel car i ls se croient victimes des circonstances. Trop nombreux sont ceux et celles qui se plaignent de ne pas avoir de chance en pointant du doigt tous ceux qui leur font du mal. Ce faisant, ces individus perdent le contrôle de leur destinée. Comme s'ils voyaient leur vie défiler depuis le siège passager.

Être le conducteur de sa vie.

En vérité, vous pouvez être le conducteur de votre vie. C'est non seulement votre droit premier, mais également une obligation envers vous-même. Vous pouvez blâmer les autres et le passé autant que vous le voulez, le résultat reste le même : vous seul décidez de ce que sera votre futur. Il est intéressant de constater que deux personnes ayant vécu des circonstances similaires mènent une existence très différente. L'expérience n'est pas par conséquent le facteur déterminant du succès, c'est bel et bien votre réaction devant ces circonstances qui est la clé.

Bon à savoir

Gardez en tête le principe de Pareto : 80 % de ce qui vous arrive dans la vie est généré par votre « intérieur » et la manière dont vous réagissez aux circonstances externes. Seulement, 20 % de ce qui vous arrive est extérieur à votre volonté. Non l'inverse !

Le plus grand avantage d'être au volant de votre vie est évidemment que vous choisissez la direction vers laquelle vous tournez le volant. Plus rien ni personne n'a d'emprise sur votre vie. Décider en tenant compte du bien-être de vos enfants ou de votre conjoint devient un acte conscient, et non plus une obligation. J'entends souvent les gens dire: «Je ne peux faire ceci, car je dois m'occuper de mes enfants», ou bien: «Si j'avais plus d'argent, je le ferais, mais maintenant je n'en ai pas les moyens.» D'autres, au contraire, changent de pays, de carrière, se lancent dans les affaires malgré leurs contraintes familiales ou une situation financière délicate.

Reprendre le volant de votre vie signifie prendre le contrôle de vos choix. Le plus dur dans la majorité des cas est l'acceptation de votre part de responsabilité dans ce qui arrive dans votre vie. «Mais ce n'était pas ma faute», «Ce genre de trucs m'arrive tout le temps», «Je n'y suis pour rien» sont des phrases qui reflètent une volonté inconsciente de se placer dans la position de victime des événements. Or, si vous voulez reprendre le pouvoir sur votre vie, il est essentiel que vous acceptiez d'être le meneur, et non la victime. En d'autres termes, vous devez accepter le fait que tout ce que vous avez expérimenté jusqu'à présent, vous l'avez attiré à vous.

Que vous le vouliez ou non, la loi de l'attraction agit tout le temps et, par conséquent, vous êtes sans cesse en train d'attirer à vous des expériences positives ou négatives. À partir du moment où vous acceptez cette responsabilité, vous reprenez le contrôle sur le sens de l'attraction. Vous ne dépendez plus du prétendu destin ou de l'humeur de vos proches, vous redevenez le centre de votre univers et le seul maître à bord des décisions à prendre.

Des études ont démontré que les gens qui disent avoir de la chance vivent plus d'expériences agréables que ceux qui prétendent le contraire. Le seul fait que vous pensiez avoir de la chance va en provoquer. De plus, les gens positifs voient une occasion favorable là où d'autres se plaignent d'un «problème». Il s'agit seulement de points de vue différents.

Tout au long de ce livre, vous vous apercevrez que j'ai à dessein recours à l'expression «utiliser la loi de l'attraction dans le sens positif». Le but recherché est de vous rappeler fréquemment que vous avez le pouvoir de décider, que vous êtes celui ou celle qui utilise la loi de l'attraction, que vous l'utilisez en permanence et que vous avez le choix et le pouvoir de vous en servir dans le sens positif (en attirant à vous le meilleur) ou dans le sens négatif (en créant des difficultés).

Choisir son destin

Nous sommes nombreux à affirmer que, en maîtrisant la loi de l'attraction, vous obtiendrez tout ce que vous voulez et vous vous créerez un destin magique. De même, plusieurs auteurs traitent également de la notion de « cocréer », ou vivre la vie qui vous est destinée. Ces deux principes sont-ils contradictoires ? En fait, vous êtes immanquablement destiné à vivre votre vie pleinement, au maximum de votre capacité, en profitant de chaque moment. Vous le savez, car, à chaque fois que vous expérimentez l'harmonie avec ce qui vous est destiné, vous vous sentez heureux.

Un destin magique

À retenir

Habituez-vous à écouter vos sentiments, votre instinct. Le ventre, au centre de notre corps, est aussi le centre de notre univers. Lorsqu'il est noué, c'est que « quelque chose ne tourne pas rond ». C'est le premier signal d'alarme vous indiquant que vous avancez à contre-courant. Nous verrons plus tard, plus en détail, comment écouter vos sentiments et augmenter le contrôle de votre univers.

Votre liberté consiste à choisir de vivre cette destinée magique ou de vous débattre dans une existence difficile, qui ne vous plaît pas, en laissant la peur et le doute dicter votre conduite. C'est à vous de décider. Ce choix, vous avez le pouvoir de le faire à tout moment.

Pour utiliser la loi de l'attraction dans le sens positif, il est fondamental de comprendre que vous êtes maître de votre destinée. En effet, ce que nous cherchons tous véritablement, c'est le bonheur. Nous verrons plus loin qu'il est possible d'être heureux à chaque moment de sa vie. Certains estiment – à tort – que, en atteignant certains buts, ils accéderont au bonheur. D'autres pensent subir leurs expériences de vie sans être libres de choisir. En réalité, la liberté consiste à décider d'être heureux. Le bonheur vient de l'intérieur et non de circonstances externes. C'est en développant son bonheur interne que l'on attire des situations heureuses. En vous mettant dans cet état d'esprit, vous avez le pouvoir de cocréer votre univers. Vous êtes amené à vivre certaines expériences qui vous rendront heureux ou vous combleront.

> Vous avez le choix.

Exercice

Prenez quelques minutes pour écrire sur une feuille les choix que vous avez faits dans le passé et qui se sont révélés mauvais. Demandez-vous si ceux-ci résonnaient réellement avec ce que vous désiriez ou s'ils étaient inspirés par l'espoir de faire plaisir à autrui.

Certaines personnes éprouvent des difficultés à prendre une décision ou à opérer des choix. Si c'est votre cas,

Pour aller plus loin

Vous pouvez changer à tout moment

Un élément magique de la vie est que vous avez le pouvoir, à tout moment, de vous transformer complètement, de modifier tout ce qui ne vous plaît pas en vous et de repartir de zéro. Souvent, nous sommes habitués à certaines façons de penser ou d'agir et peinons à sortir de nos habitudes. Pour savoir avec quelle rapidité vous êtes capable de vous éloigner de votre zone de confort, je vous suggère l'exercice suivant, fort simple : déplacez un objet que vous mettez toujours au même endroit, par exemple votre brosse à dents. Comptez le nombre de jours que cela vous prendra pour prendre en compte ce changement. Plus vous êtes capable de vous habituer rapidement aux petites transformations quotidiennes, plus vite vous serez en mesure d'assimiler les informations offertes dans ce livre.

c'est une tendance qu'il vous faudra modifier pour apporter à votre vie un fonctionnement positif de la loi de l'attraction. Choisir, c'est aussi accepter la responsabilité de ses choix et s'y tenir. La plupart des gens, dès qu'ils voient un obstacle à l'horizon, modifient leur choix. Or, nous verrons que les obstacles sont en fait les signes probants d'une incertitude intérieure. Lorsque vous décidez fermement de ce que vous souhaitez, l'univers se meut afin de vous

Attention

Une seule chose ne change pas : le changement. Plus vous êtes flexible et vous adaptez facilement, plus il vous sera facile de modifier ce qui vous embête ou vous bloque, et ainsi d'améliorer votre vie rapidement.

permettre de réussir. N'attendez pas d'être prêt à 100 % ou que tout soit parfait pour vous lancer. Cela ne sera jamais le cas. Vous ne saurez quel chemin emprunter qu'après avoir fait le premier pas.

Décidez de votre destination

Avez-vous déjà observé les voyageurs à l'aéroport ou à la gare? On peut les classer en deux grandes catégories. La première regroupe les égarés, qui le sont réellement ou semblent perdus entre deux vols. Ces gens-là se démarquent par leur nonchalance. Ils marchent, tête en l'air, regardent distraitement les panneaux des départs et arrivées, déambulent dans la zone franche en zigzaguant entre les autres voyageurs. On les retrouve aussi assis, paraissant perplexes ou contrariés, et observant les autres. J'ai fait partie de cette première catégorie et ai ainsi pu observer la seconde, à laquelle je préfère désormais appartenir.

Celle-ci se compose de gens à l'air pressé et concentré. Ils ont un train ou un avion à prendre rapidem ent et ne veulent pas le rater. Ils marchent d'un pas décidé en direction de leur porte d'embarquement.

Attention

Les premiers grands blocages de la loi de l'attraction sont l'indécision, la méconnaissance de ce qui importe vraiment, de ses priorités, ainsi qu'une tendance à se sentir victime des événements.

Il est intéressant de constater que les voyageurs de la première catégorie cèdent le plus souvent la place à ceux de la seconde. À ces derniers, un renseignement nécessaire sera offert sans tarder. Si l'un d'entre eux laisse tomber un bagage, il se trouvera toujours plusieurs personnes de la première catégorie pour le ramasser. C'est un exemple, mais cela démontre un principe fondamental de la loi de l'attraction : l'univers se déplace pour aider ceux qui savent où ils vont, ce qu'ils veulent, ceux qui se dirigent avec conviction dans la direction de leur but. Reste à vous demander à quelle catégorie vous appartenez ou voulez appartenir. Prenons l'exemple d'une piscine dans laquelle vous courrez en cercle. Au bout d'un moment, si vous vous arrêtez brutalement, vous constaterez que le mouvement du courant que vous avez créé vous poussera vers l'avant. Il en va de même avec l'Univers : lorsque vous vous mettez en marche, vous provoquez ce mouvement universel.

Nombreux sont ceux qui ont peur de faire fausse route, de se tromper ou de faillir. Ce sentiment est naturel. Il provient souvent d'une association faite durant l'enfance où se tromper équivaut à ne pas être aimé. Cette association se transforme plus tard en la conviction que faillir (ne pas atteindre un but souhaité ou expérimenter une défaite) équivaut à être un raté (la personne entière se définit par une action).

D'aucuns pensent encore que choisir une destination se fait au détriment de toutes les autres. Ceux-là réfléchissent en termes de « ou bien » (j'ai beaucoup d'argent *ou bien* du temps libre, par exemple). Par conséquent, ils n'osent pas s'orienter dans une direction pour ne pas perdre la possibilité d'en choisir une autre. Le temps que dure cette valse-hésitation, ce manque de confiance, de prise de décision concrète, l'occasion passe. Parfois, elle ne se représentera pas et fera place au regret.

Les individus qui ont le plus de succès comprennent l'abondance offerte par l'univers et pensent en termes de « et ». Ils ont développé une mentalité inclusive, et non exclusive (je peux faire beaucoup d'argent *et* passer la majorité de mon temps à ne pas travailler, car j'aurai trouvé les moyens de faire fructifier mon argent, par exemple). Ces gens-là profitent pleinement des possibilités qui se présentent à eux et comprennent que l'univers changera de direction pour leur permettre d'atteindre leurs fins.

Pour activer la loi de l'attraction dans la direction souhaitée, vous devez donc prendre une décision, faire le choix de ce que vous voulez vraiment. Cette décision est quelquefois difficile, car vous devez d'une part laisser de côté les attentes des autres et ne songer qu'à votre bien-être et, d'autre part, être animé de l'intime conviction que, peu importe ce qui vous sépare aujourd'hui de ce but, des moyens se présenteront à vous. Votre décision et vos choix doivent se baser sur ce qui provoque un sentiment de bonheur et non sur votre connaissance des moyens qui vous mèneront à destination.

Si vous prenez pour la première fois un autobus vers une destination souhaitée, vous expérimenterez sûrement cette peur de l'inconnu. Le véhicule empruntera peut-être une route imprévue, par exemple pour éviter des travaux. En découvrant ce parcours inédit, vous vous demanderez si vous êtes monté à bord du bon bus, jetterez un œil inquiet sur votre billet ; imprimée en toutes lettres, vous constaterez, rassuré qu'il s'agit de la bonne destination. La vie est ainsi faite.

Exercice

Avant de prétendre connaître sa destination, il est nécessaire de savoir où l'on se trouve. Il est primordial de faire son « portrait interne et externe ». Pour cela, attribuez à chacune des questions suivantes une note de 1 à 10 selon votre degré de satisfaction :

- Où vous trouvez-vous financièrement (dettes, revenus) ?
- Comment jugez-vous vos rapports avec vos proches ?
- Combien avez-vous d'amis ? À quelle fréquence avez-vous des interactions positives avec eux ?
- Quel est votre état de santé ?
- Comment se porte votre vie amoureuse ?
- Quel est votre état général de satisfaction de votre vie quotidienne ?

Le chemin pour se rendre à votre destination n'est peut-être pas toujours clair, mais il vous faut toujours la garder en tête avec confiance.

En prenant conscience de votre état présent, vous serez plus à même de déterminer ce que vous souhaitez améliorer (tout ce qui se trouve en dessous de la note 6 dans l'exercice précédent devient une priorité). Rappelez-vous que vous n'avez pas à choisir un élément de votre vie plutôt qu'un autre. Vous avez droit à l'abondance de l'univers dans tous les aspects de votre vie.

Exercice

Écrivez ce que vous aimeriez voir arriver dans toutes les catégories principales de votre vie : amour, argent, travail, santé, relations amicales, familiales, qualité de vie générale. Pour chacune, présentez, dans un premier temps, ce dont vous rêvez, et ensuite ce que vous croyez possible. Avec l'expérience, le fossé entre les deux se comblera. Soyez le plus exact possible. Décrivez les résultats escomptés de façon à mesurer votre évolution. Plus vous serez précis, plus vous attirerez précisément ce que vous souhaitez.

Lorsque l'on s'embarque dans une nouvelle aventure qui nous mènera en dehors des sentiers battus, hors de notre zone de confort, il faut développer la certitude que le but sera atteint, même si les moyens pour y parvenir sont encore flous. Parfois, il est préférable de commencer par des buts qui vous semblent plus à votre portée, avant, petit à petit, d'élargir vos horizons. Par exemple, si, gagnant 2 000 euros par mois, vous souhaitez augmenter vos revenus, visez d'abord 3 000 euros.

Ne pensez pas en termes de ce que vous ne désirez pas. Vous devez toujours vous concentrer sur ce que vous souhaitez, et non sur ce que vous ne souhaitez pas, et ce, de manière à attirer des résultats positifs. La plupart des gens ne peuvent s'empêcher de parler en termes négatifs: «Je ne veux pas être malade», «Je veux me libérer de mes dettes», «Je déteste être seul...» Si c'est votre cas, écrivez la phrase négative puis modifiez-la pour que la version positive devienne une affirmation puissante qui commandera votre univers.

L'univers est sans limites, donc cessez de vous en créer. Il n'a besoin d'aucun effort pour se mouvoir dans la direction que vous avez choisie et en changer quand vous hésitez. Observez les étoiles le soir et, en vous rendant compte de votre taille minuscule, vous comprendrez que vos obstacles sont aussi ridiculement petits face à cette immensité.

L'être humain ressemble parfois à une fourmi qui cherche aveuglément un grain de sable particulier dans le désert du Sahara, sans prêter attention à l'abondance qui l'entoure. L'obstacle se situe en effet souvent dans l'obstination que certains mettent à se concentrer sur un problème, jusqu'à en faire une obsession. Comme disait Einstein, « les problèmes ne peuvent être résolus par le même esprit que celui qui les a créés ». La solution se trouve ailleurs. Il faut comprendre le problème, accepter la leçon qu'il comporte, être convaincu qu'il apportera la clé pour surmonter une autre difficulté ; bref, qu'il est nécessaire pour vous aider à progresser. Autrement dit, il faut développer une attitude de gratitude à l'égard du problème, et non le craindre ou le fuir.

Une multitude de possibilités.

Les limites existent tant que vous acceptez leur réalité. Elles ont été imaginées. Les soucis persistent, car vous avez décidé de croire que l'une des cinquante milliards d'éventualités possibles dans une situation

Le saviez-vous ?

Dans la première moitié du XXe siècle, les recherches en physique quantique ont démontré de manière spectaculaire qu'un scientifique, en observant une particule du monde subatomique pour l'étudier, influence cette dernière et modifie son comportement. Le Dr Wayne Dyer – spécialiste américain en développement personnel – l'a très bien dit : « Changez votre façon de voir les choses, et les choses que vous observez changeront. »

Exercice

Faites un choix délibéré dans chaque catégorie importante de votre vie. Écrivez sur un papier le but que vous souhaitez atteindre. Relisez ce papier matin et soir. Ne vous préoccupez pas de la manière dont vous atteindrez ces buts. Concentrez-vous sur ce que vous faites au quotidien. Lorsqu'une ou plusieurs occasions se présenteront à vous qui sembleront tendre vers la destination souhaitée (idée ou action), saisissez-les sans hésiter.

était la seule qui se produirait et qu'elle aboutirait à un résultat négatif. Vous avez donné du pouvoir à cette option plutôt qu'à une autre et vous vous êtes limité vers cet unique résultat. C'est ainsi que vous activez la loi de l'attraction dans le sens négatif. En réalité, à chaque moment, une multitude de possibilités s'offrent à vous. Votre travail consiste à opter pour la meilleure possibilité et à vous engager corps et âme dans cette voie. « Oui, mais », « Pourquoi pas » et « Et si » ne devraient plus faire partie de votre vocabulaire si vous les associez à des conclusions négatives.

Nous apprendrons dans ce livre qu'il est vraiment important de penser à ses buts avec un sentiment de soulagement, de bonheur et de contentement, car cela accélère la loi de l'attraction dans le sens positif. Plus vous êtes soucieux, et plus vous bloquerez la réalisation de votre rêve.

Penser à ses buts.

Être égoïste, est-ce bien?

Cultiver l'égoïsme est une notion importante quand il s'agit d'utiliser la loi de l'attraction dans le sens positif. Cette notion va peut-être en choquer certains, qui estiment que se comporter de cette manière est au contraire négatif. En effet, il existe des formes exagérées d'égoïsme qui peuvent causer du tort à autrui. Cependant, en règle générale, être égoïste n'est pas malsain. L'altruisme exacerbé peut également se révéler nuisible. Les gens qui vous traiteront d'égoïste sont ceux qui souhaitent que vous leur fassiez plaisir ou que vous satisfassiez leurs besoins, c'est-à-dire précisément leurs penchants égoïstes.

Attention

Il est important de choisir son destin, d'être à l'écoute de son instinct et de ses sentiments, d'être pleinement « positivement égoïste ». Il ne s'agit pas alors d'un égoïsme s'opposant aux autres, mais d'un égoïsme positif, respectueux, en premier lieu, de ce que l'on est, et dirigé vers soi.

Savoir dire non

De nombreuses personnes vivent leur vie par procuration. Elles dépendent du qu'en-dira-t-on. N'acceptez pas ce type de comportement défaitiste. L'un des plus grands blocages empêchant d'utiliser correctement la loi de l'attraction de façon positive vient de ce que, bien souvent, l'on ne se permet pas de réussir par égard pour une personne aimée à laquelle on veut éviter de nuire. On « se sabote » souvent car, inconsciemment, on ne souhaite pas faire de l'ombre à un membre de sa famille ou à un ami de longue date.

Avez-vous remarqué comme la colère peut monter en vous quand vous agissez malgré vous pour faire plaisir à autrui, surtout si vous faites quelque chose qui vous déplaît ou qui vous prend un temps précieux que vous vouliez accorder à une autre activité ?... Vous vous sentez obligé, soit parce que l'autre vous a rendu service dans le passé et vous demande de lui rendre la pareille, soit parce que c'est un parent proche à qui vous n'avez pas la force de dire non. De même, vous pouvez ressentir énormément de frustrations quand vous aidez quelqu'un « qui ne le méritait pas ». Plus vous vous sentirez « taxé », et plus grande sera votre frustration.

Il est primordial d'apprendre à dire non pour être capable de se dire oui. Nombreux sont ceux qui ont peur de ce mot-là, car ils pensent qu'ils seront moins aimés ou respectés s'ils s'opposent aux autres. Il est primordial que vous gardiez à l'esprit que vous êtes en priorité responsable de votre propre bien-être avant celui des autres.

Le bonheur provient de l'intérieur de chaque être, et c'est la responsabilité de chaque personne de cultiver son propre bonheur. Il faut d'abord déterminer et respecter ses propres limites et priorités, puis remplir son âme d'amour avant de se donner à autrui. Une manière facile de dire « non » est de répondre « oui, mais pas tout de suite ». Ainsi, vous pouvez gérer votre vie en premier lieu et ensuite vous occuper des urgences des autres. Une gestion du temps efficace est fondamentale si vous souhaitez réussir à vous attirer le meilleur.

L'impossibilité des autres

Ne pas se plaindre.

Une prise de conscience parfois très difficile à accepter est que la plupart des gens, même s'ils vous aiment de tout leur cœur, ne souhaitent pas vraiment votre réussite. Du moins, ils la désirent tant et aussi longtemps qu'elle ne fait pas ombrage à la leur. Il arrivera un moment où votre réussite mettra en lumière leurs propres limites. Ceux qui ne seront jamais touchés par cette forme de jalousie vivent au maximum de leur potentiel et sont remplis d'amour-propre et de joie de vivre. Les autres se montreront envieux, car vos succès leur renverront l'insuffisance de leur condition ou bien l'image d'une existence inaccomplie.

Ceux qui se plaignent de leur situation matérielle ou financière sont aussi souvent ceux qui ont le plus manqué d'amour. Avec le temps, les gens qui pensent avoir manqué d'amour se conditionnent à croire au manque et à la pénurie. Ils vont accumuler les victoires, les vêtements, l'argent, les conquêtes, etc. Ils vont courir de but en but en pensant ainsi remplir ce vide profond et atteindre le bonheur. De même, ils éprouvent la peur de perdre leurs biens ou s'inquiètent de ne pas en posséder assez. La seule manière de soigner cette blessure consiste à s'aimer d'abord et à se respecter dans ses choix et désirs profonds. Ainsi se comble le fossé du « manque passé ». Les gens qui s'aiment sont beaucoup moins en proie au manque. Ces individus vous encourageront à aller plus loin et à rêver encore plus grand.

Les autres, dans la plupart des cas, tenteront de vous décourager, vous expliquant que c'est « impossible ». Ce point de vue ne représente aucunement votre réalité, mais reflète au contraire les limites singulières de la personne qui vous juge d'après ses propres expériences et connaissances. En vous conseillant, « pour votre bien » et « pour vous épargner toute déception », de ne pas suivre votre voie, cette personne aimante (elle veut vraiment votre bien et vous guide sincèrement en pensant vous être utile) s'attend à ce que vous suiviez son conseil. Vous êtes-vous aperçu à

quel point les gens aiment offrir leur avis sans qu'on le leur ait demandé ? De plus, ils se sentent offenser si vous ne suivez pas à la lettre le conseil offert – bien que vous ne l'ayez pas demandé. Rappellez-vous de toujours penser d'abord à vous et à ce qui vous semble le mieux pour vous. En outre, si vous avez besoin d'un conseil, demandez-le à une personne qui a réussi ce que vous désirez réaliser ou à un expert. La plupart des gens demandent des conseils d'experts à des amis qui ne s'y connaissent pas ou qui ont failli dans ce même domaine. Vous ne pourrez jamais recevoir un conseil fiable de cette manière.

Le conseil d'un proche peut causer un réel blocage (souvent inconscient) pour manifester votre désir. D'une part, vous ne voulez pas déplaire à la personne aimée, ni la décevoir. Si le conseil vient d'un parent proche, il est possible que vous vous sentiez confronté à l'autorité parentale vous rappelant les ordres auxquels il fallait obéir étant enfant. Cette situation risque de vous mener vers un conflit interne. Vous voulez réussir

Exercice

Prenez l'élément qui fonctionne le moins bien dans votre vie et demandez-vous à qui cela bénéficie le plus. Posez-vous également les questions suivantes : « Si je réussis à atteindre ce but, qui se sentira brimé et pourquoi ? Qui m'a déjà déconseillé d'essayer ou expliqué que je n'y arriverais pas ? Qui se verrait diminué ou lésé, et pourquoi ? »

et atteindre votre but, mais vous voulez aussi être aimé, singulier et accepté.

Certains enfants ont été obligés d'agir d'une certaine manière sous prétexte que le comportement inverse serait source de mécontentement et de déception. S'ils se montraient dociles, ils seraient récompensés par de l'amour, mais s'ils n'agissaient pas de la façon souhaitée, ils seraient grondés. Ainsi ont-ils associé la punition à un manque d'amour.

Vouloir se faire plaisir en atteignant son but, tout en étant accepté par l'être qui nous a fortement conseillé de faire le contraire, provoque une dichotomie dans votre intention. Dès que vous n'êtes pas sûr à 100 % de ce que vous désirez, la loi de l'attraction est coincée et vous attire des expériences aussi bien positives que négatives qui vous empêcheront d'avancer. Il est même possible que vous gâchiez vos plans inconsciemment. Ce sabotage peut prendre la forme d'une maladie, d'un accident, d'une procrastination poussée à l'extrême (le renoncement) ou d'une perte complète ou partielle de confiance en soi.

Attention au sabotage !

Cela peut également se traduire par l'impossibilité de trouver l'âme sœur, parce que, par exemple, un parent ou ami proche se retrouverait seul si vous étiez en couple. Il se peut que vous manquiez d'argent, ou ne gagniez pas assez, car les autres projettent sur vous leur vision négative de la prospérité. Ou bien

Témoignage

La mère de l'un de mes clients a développé une maladie « incurable » alors que celui-ci était au sommet de sa gloire. Il a tout abandonné pour s'occuper d'elle. Il y a laissé sa fortune, son appartement et une nouvelle petite amie. Dès qu'il s'est retrouvé à un niveau beaucoup plus bas, sa mère a retrouvé une parfaite santé.

ils se sentent amoindris en comparant leurs possibilités financières avec les vôtres. La réussite fulgurante d'un individu fait de l'ombre à ses proches ou amis. Elle peut mettre en lumière leurs limites et leur faire regretter de ne pas avoir essayé d'atteindre leurs rêves. Il existe un moyen de remédier à ce conflit qui peut nuire à votre succès. Le remède requiert de votre part de l'honnêteté et une profonde introspection.

Lorsque vous trouvez le nom de la personne qui cause en vous ce conflit, écrivez-lui une lettre. Il s'agit souvent de quelqu'un de très proche de vous que vous aimez et respectez. Vous n'aurez pas besoin de lui remettre la lettre. L'action seule de l'écrire peut provoquer un changement libérateur profond en vous. Vous aurez probablement à l'adresser à plus d'une personne.

Dans cette lettre, vous devez :
– nommer la personne concernée en lui adressant la lettre ;
– écrire le but que vous souhaitez atteindre ;

– mettre sur papier les inconvénients que cela pourrait causer à la personne concernée par la lettre, en ajoutant un maximum de détails et en décrivant tous les exemples passés qui vous poussent à croire que vous avez raison (vous pouvez commencer par « Bien que ma réussite te cause… ») ;
– écrire tous les avantages dont l'autre pourrait bénéficier grâce à votre réussite ;
– pardonner au destinataire ses limites et ses peurs ;
– lui redonner la responsabilité de sa vie (vous n'avez pas à agir en fonction des regrets ou désirs d'autrui, ni à bâtir votre vie selon l'image qui leur plairait le plus ou serait socialement acceptée) ;
– le remercier de son amour continuel et inconditionnel (libérez-vous ainsi afin d'aller de l'avant avec vos projets).

Une fois qu'elle est terminée, vous pouvez détruire la lettre. Relâchez ainsi le joug qui vous empêchait d'avancer. Cet exercice réglera efficacement un blocage

Pour aller plus loin

Demandez-vous si vous n'agissez pas de la sorte avec autrui. Peut-être qu'il vous est déjà arrivé de déconseiller à quelqu'un de suivre ses rêves, de viser plus haut ou de faire ce que son cœur lui dicte ? Peut-être est-ce votre propre enfant, car vous avez peur qu'il n'y arrive pas. Peut-être avez-vous secrètement ou inconsciemment envié la réussite d'un de vos proches. Faites l'exercice inverse et libérez-les, et vous-même par la même occasion, de ces fausses idées. Cela vous sera énormément bénéfique.

empêchant le fonctionnement positif de la loi de l'attraction. Il est aussi conseillé de ne pas faire part de ses projets tant que l'on n'a pas la certitude de leur réussite, et ce, pour ne pas être abreuvé de critiques et de « conseils ». Cette tactique a fait ses preuves dans la plupart des cas. Malheureusement, parfois, le conditionnement est très profond et certaines personnes sont amenées à s'imaginer les conseils et critiques des proches par déduction inconsciente sans même avoir fait part de leurs projets. Si vous sentez que vous faites de l'« autosabotage », essayez l'exercice de la lettre. Vous vous sentirez libéré.

Chut...

Trucs et astuces

Lorsque vous conduisez une voiture ou une bicyclette, vous tournerez probablement le volant là où se porte votre regard. De même, quand vous dirigez votre attention dans une direction, il y a de fortes chances que vous dirigiez vos actions dans le même sens.

Notre attention est une loupe

Ce sur quoi nous portons notre attention, notre pensée ou notre action, est amené à prendre de l'expansion. Voilà une règle fondamentale de la loi de l'attraction. Si vous comprenez ce principe et l'appliquez au quotidien, vous aurez une force de plus en plus grande pour attirer le meilleur à vous. Mes études sur la façon dont le cerveau conçoit l'univers prouvent physiquement ce phénomène. Si vous venez de vous acheter une voiture, il y a de fortes chances que vous remarquiez partout la marque du véhicule dont vous êtes l'heureux nouveau propriétaire. Il n'y a pas nécessairement plus de voitures de ce type en circulation. Simplement, votre cerveau se met à la recherche d'objets ou de circonstances similaires à celle à laquelle vous avez prêté attention. L'univers attire à vous les circonstances auxquelles vous pensez le plus. Vous est-il arrivé de parler d'une personne que vous n'aviez pas vue depuis longtemps et de la rencontrer par hasard ou de l'avoir au bout du fil ?

Attention

Les gens qui se plaignent le plus accumulent les raisons de se plaindre, et ceux qui sont positifs attirent les expériences positives. Vos pensées et paroles sont comme des loupes qui mettent l'accent sur certaines expériences au détriment des autres.

Soixante mille pensées de trop par jour ?

Environ soixante mille pensées traversent notre esprit chaque jour. La plupart sont des répétitions de conditionnement négatif qui ne servent à rien d'autre qu'à nous attirer plus d'ennuis. Comme nous venons de le voir, les pensées attirent les circonstances qui leur ressemblent. Si vous êtes attaché à vos croyances négatives, votre vie comportera beaucoup de problèmes. Si, au contraire, vous vous libérez de vos soucis, vous attirerez de nombreuses circonstances positives.

Il peut sembler difficile de se débarrasser de toutes ses pensées négatives. Cependant, sachez que la plupart des idées se ressemblent. Lorsque vous arrivez à vous libérer de l'une d'entre elles, certaines autres « partiront » d'elles-mêmes. Remplacez-les par des pensées positives. Certaines seront plus profondes et moins faciles à retirer. Procédez par élimination méthodique. Écoutez-vous. Demandez-vous quels obstacles empêchent votre succès. Chaque fois que vous entendrez une idée mensongère sur vos capacités, félicitez-vous de l'avoir découverte et répondez-lui, expliquez-lui la raison pour laquelle elle ne tient pas debout, moquez-vous-en, ridiculisez-la. En d'autres termes, utilisez tous les moyens à votre portée pour éradiquer ces pensées négatives. Soyez certain que toute pensée négative vous concernant est fausse. Imaginez une bouteille de jus d'oranges. Imaginez que je verse du jus de pommes dans cette bouteille. La concentration de jus d'oranges va diminuer. Vidons ensuite cette bouteille de moitié et ajoutons du jus de pommes. La concentration en jus d'oranges va encore diminuer. Au bout d'un certain temps, la bouteille contiendra en grande majorité du jus de pommes. Et bien, imaginez que le jus d'oranges représente votre lot de pensées négatives et le jus de pommes, vos pensées positives. Plus vous ajouterez de pensées positives, plus vos pensées négatives diminueront, jusqu'à disparaître presque complètement.

Lorsque votre tête est «pleine» de pensées, surtout si celles-ci se composent de problèmes à régler et de soucis quotidiens, il n'y a que très peu de place allouée aux solutions. Pensez à un ordinateur dont la mémoire est saturée et sur lequel vous tentez de charger des programmes supplémentaires. Même si ceux-ci apportent une solution dont vous avez besoin, vous n'avez plus de place de stockage. Il en est de même pour votre tête. Il est donc nécessaire de faire le vide.

> Faire le vide.

Un instant de silence

Le meilleur moyen de réduire la quantité de pensées qui nous passent par la tête est de méditer. Beaucoup de gens ne savent pas comment faire. En fait, c'est très simple. Votre pensée est composée majoritairement de mots, et, entre chaque mot, il y a du silence. Portez votre attention sur le silence dans votre tête.

La contemplation peut être une autre forme de méditation. S'asseoir dans la nature et observer le détail de tout ce qui vous entoure, tout en restant attentif à vos sensations, permet également de faire le vide et de vous ressourcer.

Bon à savoir

La méditation est une forme de concentration poussée. Employée par tous ceux qui réussissent dans la vie, elle permet de faire le silence dans sa tête. Ce faisant, vous évacuez beaucoup de vos idées négatives pour faire place à des idées créatrices. La méditation permet entre autres de trouver plus facilement des solutions à ses problèmes, à y voir plus clair.

Au départ, il vous semblera presque impossible de réaliser cela. Des milliers de pensées viendront vous déranger. Avec le temps et beaucoup de patience, vous réduirez leur nombre. Avec de l'expérience, vous serez à même de faire le vide à n'importe quel moment de la journée pour libérer votre esprit et faire de la place à la solution qui naîtra d'elle-même.

Exercice

Asseyez-vous confortablement, vos deux pieds ancrés au sol. Concentrez-vous sur votre respiration sans essayer de la contrôler. Portez votre attention sur le souffle qui emplit vos poumons et sort de votre bouche. Songez que chaque inspiration nettoie votre système de ses impuretés et que vous bénéficiez ainsi également du souffle universel. Cette même inspiration vous guidera vers les solutions qui vous profiteront le plus. L'expiration complète est également essentielle. Elle vous permet de vous débarrasser des toxines du corps et de l'esprit. Elle vous procure paix et relaxation. Dès qu'une pensée resurgit, laissez-la faire son chemin sans vous en préoccuper, la juger ou tenter d'y répondre, et recentrez-vous sur ce silence en faisant tout votre possible pour en augmenter la durée. Commencez par cinq minutes de silence, puis augmentez la dose à vingt minutes par jour.

Beaucoup de temps peut s'écouler avant que vous ne soyez vraiment capable de créer le silence complet. Chaque microseconde de silence vous paraîtra une éternité. Avec de la pratique, vous arriverez à augmenter ces laps de temps de silence mental. Je vous conseille de commencer dès à présent. Trouvez cinq minutes dans votre journée, sans reporter cette résolution. Plusieurs mois ou années s'écouleront avant que vous deveniez un expert en méditation. Souvenez-vous que ce temps passera de toute façon. Il vaut mieux commencer maintenant.

Pour aller plus loin

Habituez-vous à éteindre la télévision et la radio afin de profiter du silence au quotidien.

Vider sa tête

Le deuxième moyen de se « vider la tête » est d'écrire tout ce qui vous passe par l'esprit. Cela semble être un travail herculéen, mais en fait il n'en est rien. Les pensées, surtout quand il s'agit de problèmes, sont souvent répétitives, comme un disque rayé. En effet, le cerveau a peur que vous oubliiez de les régler. Dès que vous les mettrez sur papier à un endroit sûr, vous libérerez votre cerveau.

Pour la loi de l'attraction, ce sentiment de soulagement est fondamental et vous devez vous habituer à le cultiver. Reprenons l'exemple de l'ordinateur. Si vous avez trop de programmes ouverts en même temps, vous surchargez la mémoire vive et ralentissez son fonctionnement. De même, quand vous pensez à trop de choses en même temps, vous ne pouvez trouver

Exercice

Prenez une demi-journée par mois et écrivez tout ce à quoi vous pensez. Buts, choses à faire, problèmes, peurs, regrets, reproches… Tout. Une fois que c'est fait, vous ressentirez une sensation extrêmement plaisante au niveau de la tête. Comme si vous aviez retiré un immense poids, même si vous n'avez encore rien résolu.

de solutions, car votre cerveau se fatigue à tourner en rond sans savoir par quoi commencer.

Si vous devez de l'argent à des créanciers ou avez accumulé des factures impayées, prenez le temps d'écrire tous les montants et de les rembourser à votre rythme. Plus vous combattrez vos factures et aurez peur de les affronter, plus vous les accumulerez. Si vous n'écrivez pas les montants que vous devez, ils prendront de l'ampleur dans votre cerveau et, subséquemment, dans votre réalité.

En écrivant tout ce que vous avez à faire, vous pouvez vous concentrer sur vos priorités et les régler une à la fois en sachant que le reste aura sa place, son tour venu. Faites cet exercice, et vous vous apercevrez à quel point vous ressentirez du bien-être physique, comme si soudainement vous aviez rangé, dépoussiéré, organisé et nettoyé en vous débarrassant de tout le superflu de votre « maison intérieure ».

Bon à savoir

Plus vous deviendrez ordonné, plus votre univers le sera.

Moins vous aurez de pensées, plus vous pourrez avancer rapidement. Il ne s'agit pas de faire cinq choses à la fois, mais d'accomplir une tâche de la meilleure façon possible pour ne plus revenir dessus et continuer son chemin.

Il est difficile de vérifier soixante mille pensées par jour. Comment vraiment savoir si elles sont toutes positives ou si elles bloquent le pouvoir de la loi de l'attraction ? Une façon beaucoup plus simple de contrôler ses pensées est de faire attention à ses émotions. Celles-ci ne vous tromperont jamais. Si votre ventre est noué, si vous vous sentez subitement triste ou démoralisé, prenez le temps d'analyser les pensées qui ont envahi votre esprit. Remplacez-les par des idées positives et optimistes.

Les pensées obsessionnelles

Ce à quoi vous pensez le plus se rapporte habituellement à ce dont vous disposez le moins. Les personnes en bonne santé ne s'interrogent pas à longueur de journée pour savoir si elles vont perdre la santé. Cela les rendrait malades. Les individus en couple ne questionnent pas sans relâche leur conjoint pour savoir si leur relation va se terminer bientôt. Ils auraient vite rompu. Les riches ne se demandent pas constamment à quel moment ils seront pauvres. Cela les mènerait à la faillite.

Cessez d'être obsédé par le but que vous souhaitez atteindre. Laissez faire. Vivez le moment présent et assurez-vous que vous faites de votre mieux à chaque instant. Développez votre confiance en vous en vous répétant que vous êtes capable, comme d'autres l'ont été avant vous. Vous le méritez autant que les autres. Lorsque vous êtes plongé dans l'incertitude du lendemain, réfléchissez à ce que vous avez déjà. Mettez tous les éléments de votre vie sur le même pied d'égalité et ne faites pas de votre manque le point capital de votre attention. Ne faites pas basculer tout le reste pour atteindre ce but unique, pour ensuite avoir à courir après une autre chose que vous auriez abandonnée en cours de route. Restez équilibré dans vos rêves, vos pensées et vos actions.

Attention

Il est tout aussi important de maintenir ce que l'on possède déjà que d'acquérir un nouvel état d'être.

Éloignez-vous des sources de négativité

Il va sans dire que, plus vous côtoierez des gens négatifs, plus vous aurez de difficulté à rester positif. Si vous êtes entouré de personnes qui se plaignent sans cesse et sont remplies de colère et de ressentiment, il vous sera difficile d'avoir avec elles un échange fructueux sur les thèmes positifs de la loi de l'attraction.

Les autres

De même, plus vous serez négatif et plus vous attirerez des personnes dans le même état d'esprit. Les personnes positives ne voudront pas vous côtoyer tant que vous ne changerez pas. Cela peut faire vraiment peur lorsque l'on se met à analyser le discours de nos proches. Et si d'aventure vous cessez de côtoyer les personnes négatives de votre entourage, vous aurez peut-être l'impression que vous resterez seul, sans amis.

> **Attention**
>
> Votre futur ressemblera inévitablement à celui des cinq personnes avec lesquelles vous passez le plus de temps. Par conséquent, choisissez-les avec prudence et discernement.

Je vous conseille de procéder par étapes. Éloignez-vous d'abord des personnes les plus négatives. Avec le temps, vous observerez que certaines personnes « disparaîtront » d'elles-mêmes pour faire place à de nouvelles connaissances beaucoup plus positives. Évitez les commérages à tout prix, que ce soit au travail ou entre amis.

Il est malheureux parfois de constater que les gens qui nous semblent le plus négatifs sont ceux qui font partie de notre famille proche. Le Dr Wayne Dyer dit bien que « l'univers a créé nos amis pour pallier les manques de nos relations familiales ». Vous ne pourrez bien évidemment pas fuir toute votre famille. Vous avez le choix, en revanche, de leur consacrer le temps que vous jugez nécessaire et d'orienter les conversations sur le thème qui vous plaira, en prenant soin d'éviter les sujets négatifs. En fonction de leur degré de négativité, vous déciderez peut-être d'omettre de parler de vos rêves pour ne pas vous sentir découragé.

Les médias

« Un étudiant demande à Socrate : "Puis-je vous raconter une nouvelle que je viens d'apprendre ?"
Socrate répond : "Est-elle bonne ou mauvaise ?"
L'étudiant : "Mauvaise."
Socrate : "Concerne-t-elle quelqu'un que je connais, qui m'est proche ?"
L'étudiant : "Non."
Socrate : "Peut-elle être validée ou prouvée par quelqu'un que je connais ?"
L'étudiant : "Pas vraiment."
Socrate : "Vous voulez que je perde mon temps précieux à écouter une nouvelle de quelqu'un que je ne connais pas et qui ne peut vraiment être validée, mauvaise, de surcroît, sans que j'y puisse rien changer ? Non, cela ne m'intéresse pas." »

in Platon, « Œuvres complètes ».

Nous ruminons déjà beaucoup de pensées négatives sans avoir besoin de nous en rajouter. Nous attirons ce à quoi nous portons le plus d'attention. Si vous

regardez des mauvaises nouvelles au coucher et au réveil, que vous les écoutez ensuite régulièrement à la radio et les lisez dans le journal, vous envoyez perpétuellement des signaux de négativité. Vous voulez vous tenir au courant, certes. Vous pouvez vous demander ce que cela change vraiment dans votre vie et dans celle des gens concernés. Arriverez-vous à les sauver ou bien cette source d'information négative vous permet-elle seulement d'alimenter vos conversations avec vos collègues et amis? «As-tu entendu parler de cette pauvre femme qui s'est fait égorger?» «As-tu lu la dernière info sur les cent personnes qui sont mortes à la suite de l'écrasement de l'avion?» Réfléchissez bien à la portée de ces discussions et à leur utilité.

Si vous ne pouvez absolument pas vous passer de nouvelles (votre ego ne supporterait pas d'avoir l'air ignorant devant les autres, par exemple), réduisez-en la quantité. Faites attention aux messages qui y sont transmis. Prenez le temps de chercher les bonnes nouvelles sur Internet (elles existent en grand nombre). Surtout, abstenez-vous de lire, regarder ou écouter des histoires négatives (nouvelles, films, romans) avant de vous coucher et au réveil. Car alors votre subconscient est vulnérable et peut être influencé davantage. Lorsque vous allumez la radio, portez votre attention sur les paroles des chansons. Certaines musiques abaissent notre niveau énergétique et diluent notre pouvoir d'attraction positive.

Les mots sont des baguettes magiques

De nombreux auteurs se sont penchés sur la puissance d'impact des mots sur l'univers. Certains livres sacrés traitent également de l'importance de la parole. Les mots ont une fréquence, une énergie propre et vont faire bouger l'univers dans une direction ou une autre.

Certaines études ont démontré que des aliments en contact avec des phrases négatives répétées à partir d'enregistrements audio vont pourrir plus rapidement qu'en présence de mots positifs. Des mots d'amour ont eu pour effet de faire monter la levure plus rapidement, par exemple. Des quartiers résidentiels ont vu leur taux de criminalité baisser quand des mouvements pacifistes s'y sont installés, dont les membres méditaient sur la notion d'amour.

À RETENIR

Les gens qui se plaignent de manquer d'argent ou d'être submergés de factures, qui critiquent les taxes gouvernementales, qui ne se suffisent pas de leur paie, etc., sont souvent les mêmes qui souffrent de pénurie, croulent sous les dettes, s'épuisent à joindre les deux bouts. Les gens qui parlent positivement de l'argent, qui sont sincèrement heureux de la réussite financière d'autrui, vivent dans la prospérité.

Des paroles d'amour (même des pensées d'amour) peuvent annihiler un conflit interne ou externe. Les plus grandes insultes sont souvent dirigées vers la personne qui les prononce. Combien de fois par jour vous arrive-t-il de vous critiquer, de juger négativement une action passée, de vous en vouloir ou de regretter une parole prononcée? Prenez le temps d'analyser le genre de mots auxquels vous pensez ou que vous prononcez. Vous vous apercevrez rapidement que votre quotidien coïncide parfaitement avec ce portrait verbalisé.

Cette règle s'applique à tous les aspects de votre vie. Si les mots que vous utilisez le plus souvent traitent de difficulté, de pénurie, de maladie, de critique et de plainte, vous vous attirerez davantage de ces maux. En changeant votre façon de vous exprimer, vous pouvez avoir un impact extraordinaire sur votre vie. Cela paraît incroyable qu'un changement aussi élémentaire puisse transformer

votre quotidien, mais parfois les changements les plus simples sont les plus durs à appliquer.

Exercice

Passez une heure sans blâmer, critiquer ou vous plaindre. D'abord dans vos paroles, puis (un peu plus difficile) dans vos pensées. Lorsque vous y arrivez, augmentez à 2 heures, puis 3, puis 4...

Vous devrez faire preuve d'une plus grande vigilance quant aux mots prononcés. Ne parlez plus autant que par le passé et mesurez chacune de vos paroles. Vous aurez à vous entraîner. Si vous prononcez des paroles négatives, reprenez-vous immédiatement. Ne dites plus que certaines choses sont difficiles, que ça vous fait mal au cœur, que vous en avez plein le dos, que vous aimeriez gagner assez pour payer vos factures, que vous n'avez pas de chance, que vous souhaitez que l'on vous laisse seul une fois pour toutes, que l'argent se gagne difficilement que toute bonne chose a une fin...

Restez vigilant.

Remplacez les phrases qui commencent par « Je ne veux pas » par « Je veux que... ». Transformez « Je ne dois pas oublier » par « Je veux me rappeler » ; « Je ne sais pas quoi faire » par « Je veux trouver une solution » ; « Je n'y comprends rien » par « Je veux y

Pour aller plus loin

Faites attention aux mots que vous utilisez devant vos enfants ou envers eux. On dit communément qu'ils sont des « éponges » qui aspirent tout ce qu'on leur dit. Soyez vigilant, car leur cerveau est tendre et malléable. Vous êtes responsable de leurs croyances futures, qui forgeront leurs pensées, leurs paroles, leurs gestes et leur destinée. Si vous avez à effectuer un effort considérable pour changer votre façon de parler, pensez à eux et offrez-leur plus de pouvoir sur la loi de l'attraction en leur apprenant, dès le plus jeune âge, l'importance des mots. Offrez ce cadeau à tous les enfants que vous rencontrez afin de nous bâtir un monde meilleur.

Je veux que...

voir plus clair ». Écoutez les paroles que vous prononcez et changez-les au fur et à mesure. Elles sont aussi importantes que vos actions. Vous pouvez consulter à cet effet le *Mon Cahier poche : Je pratique la loi de l'attraction* (Éditions Jouvence).

Les phrases qui dégagent le plus de puissance énergétique positive sont « **Je t'aime** », « **Je te pardonne** », « **Je te remercie** », « **Je suis désolé** », « **Tout ira pour le mieux** », « **Tu es en sécurité** », « **Tu es parfaite telle que tu es** »... Plus vous utiliserez ces mots, et plus vous attirerez le meilleur à vous. Vous vous rendrez compte que votre niveau d'énergie sera plus élevé. Vous vous sentirez de meilleure humeur. Avec le temps, vous vivrez des instants merveilleux de plus en plus nombreux.

Imaginez que vous disposez d'une immense baguette magique et que, chaque fois que vous parlez, vous l'agitez. Profitez de ce pouvoir que vous possédez sur votre univers et construisez-vous une vie de rêve. La parole crée. Que désirez-vous créer ?

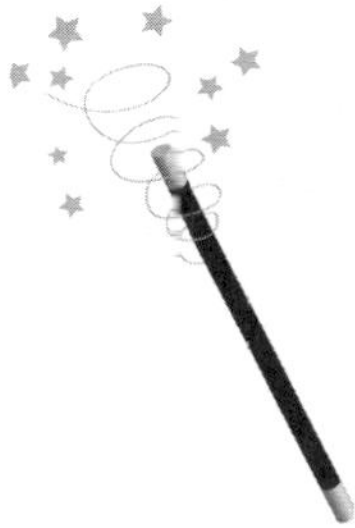

Exercice

Une manière de créer de la magie autour de vous consiste à vous écrire des affirmations positives, faciles à retenir et qui vont dans le sens des buts que vous souhaitez atteindre. Une affirmation se construit à la première personne, au présent et dans l'optique d'avoir déjà atteint votre but. Par exemple : « Je suis si heureux maintenant que je gagne 3 000 euros par mois. » Une autre façon de pratiquer les affirmations est de créer des phrases qui vous suivront tout au long de la vie. Par exemple, « J'utilise mon temps pour aider des gens passionnants », « Je travaille toujours à faire ce que je veux, avec des gens aimants et de l'argent abondant », « J'obtiens tout ce que je veux et c'est toujours pour le mieux », « Je suis en bonne santé et cela va durer »…

Savoir parler au génie de la lampe

Il existe une méthode magique pour se faire « écouter » par l'univers. Que l'on soit croyant ou non, il arrive au

moins un moment dans la vie où chacun d'entre nous a recours à la prière. Que ce soit pour venir en aide à une personne malade ou pour trouver une solution.

En réalité, beaucoup de personnes prient régulièrement, souvent sans le savoir. Ces prières se retrouvent sous forme de vœux exprimés habituellement dans la crainte, la peur, le désarroi ou la panique. Ces vœux sont souvent formulés dans une perspective de pénurie et de manque : « J'ai besoin de plus d'argent », « Redonnez-moi la santé », « Je ne veux pas finir tout seul », « J'oublie tout le temps », « Je crois que je suis en train de perdre la tête », « Cela me rend malade quand… » Étant donné que les mots ont un pouvoir sur l'univers, lorsque les souhaits prononcés traitent de manque, l'univers enverra plus de manque. Si vous portez votre attention sur la pénurie, elle perdurera.

Attention

Lorsque vous formulerez un vœu ou une prière, ne le faites plus sous l'angle de la pénurie et du manque, mais dans l'optique de la gratitude face à l'abondance.

Au lieu de ça, remerciez dans vos prières ce qui vous a déjà été offert. Si vous souffrez d'une maladie, estimez-vous heureux de ne pas en avoir d'autres et priez pour remercier de la santé que vous possédez. Si vous manquez d'argent, remerciez

Remerciez.

l'univers pour tout l'argent qui vous a été versé jusqu'à ce jour. Si vous voulez trouver l'âme sœur, soyez ravi de recevoir de l'amour dans votre vie, de la part de votre famille ou de vos amis.

Afin d'être entendu par le génie de votre lampe, formulez toujours vos souhaits de manière positive en remerciant de les avoir déjà atteints : « Je pourrais me servir de bien plus d'argent », « J'aime être en bonne santé et me sentir de mieux en mieux », « L'amour à deux, c'est encore mieux »...

À RETENIR

En changeant votre attitude et la direction dans laquelle vous portez votre attention, vous transformerez l'énergie autour de vous et attirerez beaucoup plus d'expériences positives. Il faut réellement croire pour le voir, et non l'inverse.

Ne soyez pas la victime de vos émotions

Vous êtes sur cette planète pour vivre dans le bonheur. Vous êtes peut-être convaincu qu'il vous faut peiner et que la vie est dure, mais il n'en est rien. La vérité est que votre essence est de vivre en ce moment présent un bonheur sans limites. Malheureusement, la plupart des gens pensent que ce bonheur se trouve quelque part au loin et sera ressenti à la réalisation de certains buts.

Que vous souhaitiez avoir plus d'argent, une meilleure relation amoureuse ou la santé, ce que vous désirez en fait est de ressentir du bonheur, du soulagement, de la paix, de la gratitude, de la joie... Il est primordial de comprendre que toutes les émotions, qu'il s'agisse du stress, de la peur, de la tristesse, de la joie, du soulagement ou de l'euphorie, se retrouvent à l'intérieur de vous. Vous ne les trouverez dans aucun magasin – bien que certains aient essayé de les reproduire sous forme de pilules...

Durant votre enfance, vous avez été programmé pour associer certains éléments externes à certaines émotions: «S'il m'insulte, je me mets en colère», «S'il me fait un compliment, je suis heureux», «Si je me dispute, je suis triste»... Vous avez toujours le choix de l'émotion que vous voulez faire ressortir: «Il veut m'insulter, mais ce doit être parce qu'il a peur ou se sent mal à l'aise. Je ne le prends pas pour moi personnellement. Moi, ma vie va bien, je suis heureux», «Il m'adresse un compliment parce que ma façon d'agir lui plaît. Il ne voit que cette partie de moi qu'il a décidé de mettre en évidence. Je ne dépends pas de circonstances extérieures pour être heureux», «La personne en face de moi exprime des avis qui vont complètement à l'opposé de mes croyances, j'aimerais gagner et lui prouver que j'ai raison, mais je préfère mon bien-être»... Il peut être difficile de s'imaginer arriver à un état de contrôle semblable, ou même de comprendre complètement son utilité.

Attention

Si vous souhaitez attirer plus d'argent, mais regardez régulièrement votre compte en banque avec frustration, vous engendrerez plus de frustration, mais pas plus d'argent. Si vous pleurez dès que vous voyez un couple amoureux se promener main dans la main, vous n'aurez pas beaucoup de chance de créer une vie de couple. Si vous vous plaignez sans cesse de douleurs dès qu'elles se manifestent, vous ne serez pas en position de vivre mieux.

Le plus important est de vous rappeler que les émotions que vous ressentez ont deux effets importants: elles agissent comme système d'alarme (elles vous avertissent de ce qui se passe autour de vous) et vous tiennent au courant de ce qui se passe à l'intérieur de vous. Le deuxième effet se traduit en énergie qui catalyse la loi de l'attraction. Afin de vivre des expériences positives, il est important de vous concentrer pour développer des sentiments positifs par rapport à ce que vous voulez atteindre.

> Gardez une énergie positive.

Exercice

Passez une journée sans vous plaindre mentalement ou verbalement. Commencez par une heure puis augmentez progressivement. Lorsque vous y arriverez, continuez sur deux jours, puis une semaine. Vous serez alors témoin de miracles au quotidien.

Il est essentiel de se distancier des événements qui nous entourent en décidant de l'émotion qui va prévaloir dans notre vie. Avez-vous remarqué comme certaines personnes sont de mauvaise humeur, quelles que soient les circonstances ? Certaines autres semblent se satisfaire des plus petits biens. Le bonheur dépend de vous. Dans la loi de l'attraction, vous n'attirez pas le bonheur en remportant des victoires, vous attirez les victoires en vivant dans le bonheur.

« Pré-voyez » le meilleur (pourquoi et comment visualiser)

En imaginant le meilleur, vous l'attirerez à vous. Le cerveau ne comprend pas la différence entre ce que vous voyez réellement et ce que vous imaginez. Du coup, vos rêves sont réels. La seule chose qui vous sépare de cette réalité est votre croyance d'y arriver.

Lorsque vous visualisez précisément ce que vous souhaitez, vous augmentez les chances de vous l'attirer rapidement. Vous n'avez pas à imaginer les moyens que vous devrez utiliser pour mener à bien votre projet. Ceux-ci se présenteront d'eux-mêmes, et vous les remarquerez en développant votre vigilance.

Bon à savoir

Il est important de toujours visualiser dans une attitude positive. Ne le faites surtout pas si cela provoque de la mélancolie, des craintes ou des regrets. Pour attirer le meilleur à vous, vos émotions doivent être en corrélation avec vos désirs.

Afin d'augmenter votre niveau d'attention, il est nécessaire de pratiquer l'observation en étant présent à chaque moment. Lorsque votre esprit divague vers le passé ou craint le futur, vous devenez aveugle aux opportunités qui composent votre présent et qui peuvent transformer votre avenir à chaque instant.

Exercice

Dessinez une représentation de ce que vous rêvez d'obtenir, ou bien découpez des photos qui vous plaisent. Cela va vous aider à développer votre imagination. Détaillez tous les éléments qui la constituent. Par exemple, vous souhaitez une nouvelle voiture. Décrivez sa marque, son modèle, sa couleur, le prix que vous souhaitez payer, le nombre de portes, l'année de fabrication. Imaginez le plus souvent possible le plaisir de la conduire.

La visualisation est une pratique mentale. Il se peut que vous éprouviez des difficultés de prime abord, mais, avec le temps, vous décrirez des images mentales précisément. Plus vous visualiserez un but souhaité, plus vous arriverez à le détailler et à le clarifier. Plus il sera précis dans votre esprit, plus vous aurez de chance de le manifester.

Faites de même dans tous les secteurs de votre vie. Ne soyez pas attaché au résultat exact que vous désirez obtenir, car vous pourriez être surpris. L'univers est sans

Exercice

Créez un tableau de visualisation. Sur un grand carton, collez les images associées aux rêves que vous souhaitez réaliser. Il peut s'agir de voyages à entreprendre, de biens matériels à acquérir, de gens à rencontrer, de types d'emplois recherchés et de styles de vie qui vous plairaient. Ajoutez des mots positifs vous aidant à augmenter votre sentiment de bien-être. Placez votre tableau dans un endroit que vous fréquentez régulièrement. Contemplez-le de temps en temps, dans un état de contentement, comme si vous observiez les trophées de succès déjà atteints. Cet exercice permettra de diriger l'attention de votre subconscient vers vos buts souhaités. Soyez également vigilant aux images qui vous entourent. Nettoyez votre champ de vision. Avez-vous des photos qui vous rappellent un passé difficile ? Y a-t-il, autour de vous, des objets qui vous font penser à la pénurie, au manque, à la solitude, à la souffrance ? Retirez ce qui vous incite à visualiser ce que vous ne voulez pas et remplacer le tout par des images ou des objets positifs.

limites, et l'abondance peut survenir sous la forme de possibilités qui dépassent votre entendement. Exercez-vous à visualiser le plus souvent possible, dès que vous avez un moment de libre. Visualiser dans un état de bien-être peut provoquer plus de résultats qu'une journée entière d'efforts pénibles.

? Le saviez-vous ?

Les athlètes olympiques pratiquent la visualisation et ceux qui remportent des médailles d'or ont passé de nombreuses heures à imaginer en détail chaque microseconde de leur victoire.

Attraction rime avec action

Bien que la visualisation, les paroles, les pensées et les émotions positives soient fondamentales et jouent un rôle majeur pour provoquer le pouvoir de la loi de l'attraction positive, il n'en reste pas moins que vous devez également agir. Les tenants et aboutissants du fait d'agir sont rarement explicités clairement.

Ne faites pas n'importe quoi simplement afin d'être occupé. Il y a une méthode à suivre dans l'action comme dans toutes les étapes de la loi de l'attraction. N'agissez pas si vous êtes dans un état négatif. Dans la peur, la crainte, la colère, le doute et toute autre forme d'émotions négatives, vous risquez de faire des gestes qui aboutiront à l'inverse de ce que vous souhaitez. Certaines personnes se tuent à la tâche et n'arrivent à rien car elles rament à contre-courant. Elles font des actions qui vont complètement à l'encontre de leur bien-être. L'adage « Je serai heureux une fois que j'y serai, même si je dois peiner durant le trajet » est faux. La destination est bien moins importante que le trajet. Habituez-vous à aimer ce que vous faites, car c'est en ayant adopté cette attitude que vous attirerez à vous le meilleur. Votre vie se passe dans le moment présent. La grande majorité se déroule dans votre quête de réussite. Une fois que vous aurez obtenu ce que vous vouliez, vous vous mettrez en route vers un nouvel objectif. Alors, entre temps, appréciez le chemin qui vous mènera à destination.

Quand vous décidez de prendre une nouvelle destination, faites un grand pas, plein de foi, d'allant, dans cette direction ; faites un geste, une action qui montre à l'univers que vous désirez réellement décrocher votre lune. Si vous voulez déménager, mettez votre maison en vente. Si vous souhaitez maigrir, payez à l'avance des séances avec un coach ou un nutritionniste. Si vous voulez changer d'emploi, imprimez votre curriculum vitae et envoyez-le aux employeurs pour lesquels vous rêvez de travailler. Si vous voulez rencontrer l'âme sœur, sortez seul dans des endroits où vous avez plus de chance de trouver des célibataires.

Vous ne risquez rien, mais avez tout à gagner. Ce premier geste est une simple grosse goutte d'eau, mais qui provoque des ondulations d'énergie attirant une succession d'événements qui vous permettront d'atteindre votre but. Parfois, le tout se fera très rapidement. Par moments, vous ne percevrez pas de changements immédiats. Souvenez-vous dans ce cas de rester patient et persévérant. Vous aurez planté la graine de votre rêve et devrez peut-être l'arroser longuement avant qu'elle ne porte ses fruits.

Nous verrons dans le chapitre suivant les raisons qui peuvent ralentir la floraison de votre nouvelle réalité. Sachez que chaque pas positif et délibéré dans la direction de votre désir final offrira un signe à l'univers de ce que vous voulez vraiment. Pour chaque action, l'univers réagira. Restez vigilant pour ne pas rater une occasion, un présent.

Pour chaque action, l'univers réagira.

Conclusion

Il est important de passer du temps à bien maîtriser ces concepts. Exercez-vous à contrôler vos émotions négatives. Cela changera votre façon de parler et de penser. Visualisez vos rêves en détail. Plus vous vous entraînerez, plus vous deviendrez le magicien de votre vie.

chapitre 2

Pourquoi n'attirez-vous pas aussi vite que vous le souhaitez?

Transformer schémas et habitudes

Il arrive souvent que les gens bloquent sans le savoir leur pouvoir d'attraction positive. En transformant certains schémas mentaux et habitudes quotidiennes, vous pouvez intensifier votre capacité de vous attirer le meilleur dans tous les domaines de votre vie.

Pourquoi je bloque ?

Vous allez parfois vous sentir frustré, car vos plans ne se développent pas à la vitesse souhaitée. De temps en temps, vous serez bloqué sur place ou témoin d'une suite de circonstances négatives qui vous jetteront dans le plus grand désarroi. Ne dit-on pas que la nuit est plus sombre juste avant le lever du soleil ? Plusieurs raisons peuvent être à la source de ces blocages. Ils peuvent même causer l'attraction dans le sens contraire de ce que vous désirez. Nous allons les éclairer pour vous permettre d'évoluer.

Vous vous perdez en allant à un rendez-vous et arrivez trop tard, vous ratez un entretien important, porte d'entrée d'un emploi dont vous rêviez, vous avez déplu au banquier et ainsi perdu l'occasion d'obtenir ce prêt pour démarrer votre entreprise, vous avez égaré votre porte-monnaie et votre compte d'épargne a été vidé, vous avez écouté le conseil d'un ami et effectué un investissement qui vous a ruiné, un accident de voiture vous oblige à rester alité… Autant de situations désagréables qui peuvent bloquer votre cheminement. Vous vous demandez pourquoi la malchance s'acharne sur vous. Peut-être que vous avez décidé inconsciemment de ne pas réussir. Apprenez à découvrir ce qui vous bloque pour remédier aux malheurs et vous diriger à vive allure vers le succès.

Des volontés qui s'affrontent

Imaginez deux trains sur la même voie en sens opposé. Chacun des deux conducteurs veut avancer un peu en poussant celui qui l'en empêche. Si les deux trains sont de même puissance, ils resteront bloqués au même endroit jusqu'à ce que l'un cède la place à l'autre. Cette illustration représente le plus commun des obstacles. Vous avez deux pensées diamétralement opposées qui s'affrontent.

Si vous souhaitez gagner plus d'argent mais que vous êtes certain que cela entraînera une surcharge de travail que vous ne souhaitez pas, vous risquez de saboter vos projets. Si vous associez la richesse aux notions négatives qui vous ont peut-être été inculquées durant l'enfance, vous dépenserez votre argent sans vous apercevoir que vous combattez ainsi l'accumulation de la richesse. Si vous cherchez désespérément du travail mais détestez suivre des ordres et rester dans un bureau à des heures régulières, vous raterez sans cesse des occasions de décrocher un emploi. Si vous voulez devenir célèbre mais avez peur des discours en public, vous ne percerez jamais.

Si vous souhaitez être en couple mais pensez que cela va automatiquement vous enlever la liberté dont vous bénéficiez, vous n'arriverez probablement qu'à attirer des relations où l'autre manque de disponibilité ou d'engagement. Si vous pensez qu'une relation amoureuse est inévitablement douloureuse, vous provoquerez inconsciemment des ruptures pour ne pas ressentir cette douleur.

Exercice

Afin de changer cet état qui vous bloquera à tous les coups, écrivez sur une feuille de papier le but que vous souhaitez atteindre et toutes les connotations négatives que cela peut signifier. Une bonne manière de procéder est de réfléchir en premier lieu aux conséquences de cette victoire. Que se passera-t-il une fois que vous aurez atteint votre but ? Deuxièmement, imaginez les étapes par lesquelles vous devez passer pour arriver à vos fins.

L'écriture manuelle provoque une réflexion consciente et inconsciente beaucoup plus forte que si vous passez en revue les exercices mentalement, sans écrire (vous risquez de ne pas du tout atteindre de résultats significatifs) ou si vous tapez les réponses sur un clavier. Des études montrent que l'acte d'écrire avec un stylo favorise le processus mental. Durant l'écriture manuelle, votre cerveau cherche déjà les réponses et solutions aux problèmes posés.

Durant cet exercice, il se peut que votre ventre se crispe. Soyez à l'écoute de vos sentiments. Si vous vous dites à un moment donné : « Oh, non, pas ça », c'est que vous avez mis le doigt sur un obstacle inconscient. Félicitez-vous car vous aurez fait un grand pas vers une solution vous ouvrant les portes du succès.

À RETENIR

Plus d'un chemin vous mènera au but désiré et vous ne devrez pas nécessairement subir les contraintes que vous avez associées à l'atteinte de vos objectifs. Réfléchissez aux autres options possibles. Il y en a des milliers. Choisissez celles qui vous conviennent davantage.

Les avantages de vos inconvénients

Le deuxième frein à la loi de l'attraction repose sur les avantages de vos inconvénients. Pour les découvrir, les accepter et y remédier, vous devez vous astreindre à un exercice d'introspection qui requiert beaucoup d'honnêteté de votre part. Pour commencer, rappelons que tout ce que vous vivez, vous l'avez attiré. Si votre quotidien contient des inconvénients, c'est qu'ils vous apportent en retour des avantages dont vous ne souhaitez pas vous défaire. Sinon, vous seriez déjà passé à autre chose.

Par exemple, étant en bonne santé, vous vous sentez obligé de faire de l'exercice pour ne pas que tout le monde se moque de votre paresse, mais une douleur lombaire vous empêche de vous entraîner – vous tenez là une excuse imparable… De même, une collègue vous tape sur le système, et vous vous en plaignez tout le temps. Cependant, si elle n'existait pas, vous ne sauriez pas quoi raconter à vos amis… Vous avez toujours

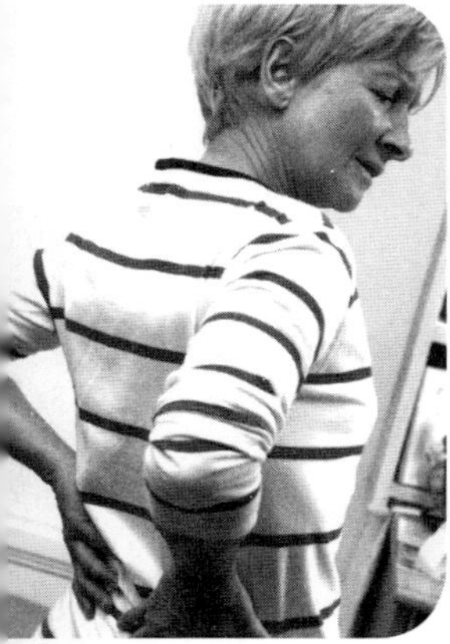

plein de pépins dans votre vie quotidienne qui vous minent, mais vous avez peur de devenir ennuyeux s'il ne vous arrive plus rien d'exceptionnel… Vous êtes toujours à court d'argent, mais, si vous étiez riche, vous pensez que vous seriez obligé d'en prêter ou que l'on vous autoriserait moins à dire non aux sorties proposées…

Tous les inconvénients comportent des avantages. Il est dur parfois d'accepter que l'on aime se plaindre, et c'est pour cette raison que l'on se maintient dans une situation déplaisante. Il est parfois difficile d'accepter cette partie de soi qui aime le problème, car, sans lui, on devrait affronter l'inconnu.

Pour remédier à ce blocage, prenez le temps d'analyser la plus importante problématique qui empoisonne votre quotidien. Notez tous les avantages qu'elle comporte. Cela peut être un exercice difficile au premier abord. Il n'est pas toujours évident de s'accepter entièrement avec des défauts que l'on ne soupçonnait pas. Rappelez-vous que tout le monde est pareil. Vous n'avez aucunement à vous sentir mal à l'aise. Pardonnez-vous votre passé et sachez que vous avancez ainsi à grands pas vers un meilleur avenir.

Pardonnez-vous.

Ne pas vraiment vouloir

Un troisième blocage courant s'explique simplement par le fait que vous ne voulez pas vraiment ce que vous pensez vouloir. Parfois, on comprend ce que l'on ne veut pas quand on reçoit ce que l'on croyait vouloir à tout prix. Par moments, l'univers sait déjà que l'aboutissement que nous recherchons est lié à certains éléments très néfastes, qui nous apparaissent comme tels une fois notre but atteint. Il s'agit là d'un blocage préventif.

À cause de cette protection universelle, il est important de pratiquer le détachement. Vous désirez absolument que cet homme soit attiré vers vous et vive le restant de ses jours avec vous. Vous faites tout pour qu'il tombe follement amoureux de vous. Vous avez gagné, il vous adore. Vous cohabitez... puis passez les années suivantes à prier pour vous débarrasser de lui. Cela se produit plus fréquemment qu'on ne l'imagine. C'est l'une des raisons (mais non la plus importante) pour lesquelles il est fortement déconseillé d'utiliser la loi de l'attraction pour s'attirer un individu en particulier, même si vous imaginez que c'est votre âme sœur et que vous ne trouverez personne de meilleur.

> Pratiquez le détachement.

De même, quand vous visualisez, ne vous attachez pas à une image, une personne, un lieu en particulier,

ATTENTION

Lorsque vous souhaitez atteindre un but, lâchez prise. Faites confiance à l'univers. Dites-vous que vous méritez le meilleur. Parfois, c'est pour cette raison que certaines choses tardent à venir. Vous testez vous-même votre volonté et votre disponibilité à recevoir. Tant que vous demeurez incertain, vous ne verrez pas l'aboutissement de vos désirs.

mais soyez davantage présent dans les sentiments de bien-être que ces images provoquent. Vous avez ainsi plus de chance d'attirer le lieu ou la personne qui est le plus à même de vous procurer de la joie.

Deux pas en avant, un en arrière : le tango de la vie

La vie est comme une danse magique. Parfois, vous ferez un pas en arrière. Ce pas vous permettra peut-être d'en faire deux dans la bonne direction. Dans le tango, il n'y a pas d'erreur, seulement des pas de danse pour apprendre à mieux bouger.

Lorsque vous commencerez à appliquer à bon escient les principes régissant la loi de l'attraction, vous attirerez à vous des circonstances quasi miraculeuses. Dans la plupart des cas, vous douterez de vous ou de ce que vous expérimentez. À ce moment-là, vous reviendrez en arrière. Vous verrez un résultat positif et voudrez accélérer le procédé, cédant la place à votre ego, qui s'attache au résultat, et vous reculerez.

Tant que vous n'appliquerez pas tous les principes convenablement, en demeurant détaché des résultats et en associant les émotions positives aux visualisations, vous danserez cette danse de la vie. Si vous laissez votre ego reprendre le contrôle et que vous recommencez à vous battre pour avancer, à naviguer contre le courant, vous reviendrez en arrière.

Il est parfois nécessaire de s'arrêter. Dès que vous vous rendez compte que vous courez derrière un but qui vous semble de plus en plus hors d'atteinte, arrêtez-vous. Prenez ce pas de recul. Il vous permettra de mettre le tout en perspective. Cette course effrénée aura-t-elle vraiment des conséquences positives dans dix ans ou est-ce une autre forme de procrastination pour ne pas faire ce que vous aimez vraiment ? De plus, cela fera de l'espace et créera un vide que l'univers remplira.

Arrêtez de courir.

À RETENIR

Il faut de la pratique pour diriger son canoë dans les rapides quand on a appris toute sa vie à ramer de toutes ses forces contre le courant. Le fait même de ne plus avoir à vivre difficilement, à se battre pour réussir, peut sembler inconcevable.

Quand vous êtes complètement en phase avec vos souhaits, que vous vivez le moment présent en toute confiance de ce que l'avenir vous réserve, vous avez l'impression de descendre des rapides à vive allure vers votre but. Cela peut sembler effrayant si vous n'y êtes pas habitué. Imaginez que tout arrive d'un coup, que tout se place exactement comme vous le souhaitez et que vous avancez à pas de géant vers votre succès. Soudainement, vous être saisi de peur : « Et si ce n'était qu'un coup de chance qui va me mener immédiatement vers une nouvelle désillusion ? Et si j'allais perdre mes amis en cours de route ?.... Et si, et si... » Vous revoilà plongé dans vos craintes. Automatiquement, la loi de l'attraction agira dans le sens opposé.

Imaginez que vous conduisez une voiture. Disons que vous l'avez toujours conduite à 40 km/h. Un jour, vous changez de voiture et vous achetez une sportive qui peut facilement rouler à 120 km/h. Que pensez-vous qu'il va se produire ? Dès que votre pied touchera l'accélérateur, vous allez sentir une poussée qui vous fera peur et vous allez instinctivement freiner, jusqu'à ce que vous vous soyez habitué à cette nouvelle vitesse. Il en va de même dans la vie. Lorsque votre vie s'accélère et que vous n'êtes pas habitué aux successions de succès, vous freinez inconsciemment en sabotant ce succès. Mais si vous continuez dans la même voie, vous finirez par vous habituer à la nouvelle vitesse et celle-ci deviendra votre vitesse de croisière.

N'arrêtez pas l'action. Il faut continuellement travailler à atteindre son but. Cependant, le niveau de difficulté variera selon votre capacité à utiliser la loi de l'attraction.

Exercice

Imaginez-vous que vous vous levez le matin. Visualisez comment vous aimeriez que votre journée se passe et comment, le soir venu, vous remerciez l'univers car tout est allé dans le bon sens. Est-ce que vous pensez que c'est une vie dans laquelle vous vous ennuieriez ? Si vous le pensez, c'est que vous ne pouvez imaginer une vie sans drames, et vous vous bâtirez toujours des blocages. C'est une habitude que de nombreuses personnes ont prise. Or, vous pouvez choisir de vous habituer à la tranquillité d'esprit. Vous pouvez vivre la paix dans l'âme, le sourire aux lèvres, la joie au cœur, sans pour autant vous ennuyer. Vous trouverez un bonheur inégalé.

L'extérieur est un reflet de son moi intérieur

Ce que vous voyez à l'extérieur montre qui vous êtes à l'intérieur. Ce que vous attirez vous ressemble. Vos peurs et doutes se matérialisent tant que vous leur prêtez attention. Plus vous développerez vos qualités internes, et plus votre vie s'améliorera. Plus vous songerez à la pénurie, et plus vous manquerez l'essentiel.

Tous les goûts sont dans la nature, et celle-ci est assez abondante pour offrir à tout le monde son dû. Si un arbre possède beaucoup de feuilles, ce n'est pas pour en avoir ôté à un autre. Regardez autour de vous et observez les piétons. Remarquez à quel point nous semblons tous différents du point de vue physionomique. Pas un être ne ressemble à un autre, même si nous avons tous commencé par une seule cellule. Sachez que la même diversité habite les désirs de chaque individu. Chacun souhaite un bien différent, et il y en a bien assez pour tout le monde. À la base, une cellule nous unit tous, quasi identique : celle du bonheur et de l'amour.

Sentiment de « ne pas être assez » = Pénurie externe

Le sentiment interne de ne pas être assez (assez important, assez aimé, assez significatif) se matérialise automatiquement à l'extérieur. Chez ceux qui le subissent, il cause tout d'abord de la jalousie ou rend envieux. Il crée un état d'anxiété, une peur de la perte ou de l'abandon. Ils s'imaginent alors que ce qu'ils convoitent, ils le prennent à autrui. Ils ont peur de prospérer, qu'il leur arrive un malheur, punition de l'univers d'avoir trop profité de la vie. Ces personnes finissent par développer la certitude que le manque existe dans tous les domaines de la vie et qu'il vaut mieux ne pas viser trop haut pour ne pas être trop déçu.

Visez haut.

Les personnes qui pensent en termes de pénurie et de manque utilisent des phrases telles que « Si l'univers est si abondant, pourquoi y a-t-il tant de misère sur la terre ? » Celles raisonnant en termes d'abondance voudront acquérir davantage pour pouvoir partager avec les plus faibles et les plus meurtris. Nous ne pouvons pas connaître le karma de tous les gens de la terre et savoir pourquoi certains expérimentent des difficultés plus ou moins importantes. Vivent-ils moins dans le bonheur et le succès ? Vous ne pourrez jamais répondre à cette question avec certitude. Il est préférable de se concentrer d'abord sur vous et d'améliorer votre vie. Vous serez en meilleure position pour aider les autres par la suite si tel est

votre désir. Une chose est certaine : vous ne pourrez jamais aider votre prochain si vous êtes mal en point et que vous souffrez également.

En second lieu, ce sentiment très commun de manque interne crée une impression de manque externe (pas assez de nourriture dans le réfrigérateur, pas assez d'argent en banque, rien à se mettre sur le dos...). Cette frustration provoque un état d'insatisfaction généralisé qui donne lieu immanquablement à la quête du bonheur (la recherche du bonheur à l'extérieur de soi). Vous allez alors vous dire : « Je serai heureux une fois que... » Lorsque l'on se sent véritablement bien dans sa peau (entier, complet, sans manque), on ne ressent pas le besoin de chercher le bonheur à l'extérieur de soi. La quête du bonheur devient superflue.

Attention

Cette quête est vaine étant donné que le bonheur ne se trouve pas. Il existe déjà au fond de vous. Vous pouvez accumuler tous les trésors de la terre sans jamais être heureux. Il est nécessaire de se rendre d'abord heureux et de se contenter de soi pour s'attirer tous les trésors de la terre.

L'écart qui selon vous sépare vos désirs de leur obtention n'existe pas en vérité. Il s'agit souvent d'un tour de l'ego qui souhaite vous rendre la vie compliquée pour prouver son utilité et vous offrir des raisons de vous inquiéter. Les réels obstacles bloquant l'accès à votre paradis terrestre proviennent de vos peurs et de vos doutes. Observez la nature autour de vous et rendez-vous compte de l'abondance qui la compose. Lors de vos méditations, imprégnez-vous de cette unité et ressentez à quel point vous participez à cet univers abondant.

Tous les doutes que vous ressentirez se manifesteront comme des blocages externes. Si vous voyez beaucoup de freins qui vous empêchent d'avancer vers votre but, si vous avez l'impression de forcer le destin, demandez-vous ce qui vous déplaît autant dans la fin que vous recherchez. Êtes-vous certain que ces freins reflètent vos désirs, et non ceux des autres?

Dans le flot de l'univers, aucun effort n'est nécessaire pour transformer la nature. L'énergie se transmute, se transforme et se régénère. Les océans s'agitent, les arbres poussent et vos désirs sont satisfaits. Pour y arriver, il est nécessaire que vous soyez complètement en phase avec ce que vous souhaitez recevoir.

Dès que vous aurez défini ce que le but atteint vous permettra de réaliser, incorporez cette étape dans votre quotidien. Par exemple, vous souhaitez plus d'argent pour enfin prendre le temps de faire ce que vous aimez. Faites-le dès à présent. Si vous voulez être en couple pour sortir avec quelqu'un au restaurant, allez-y dès ce soir. Vous espérez plus de santé pour faire plus d'exercice, commencez dès aujourd'hui. Rien ne vous empêche de faire immédiatement l'activité qui suit l'accomplissement de votre but, à un degré moindre.

Exercice

Afin de déceler vos blocages, demandez-vous honnêtement ce qui se passera quand vous aurez réussi. Vous avez gagné plein d'argent, et après ? Vous avez rencontré l'amour de votre vie, qu'arrive-t-il ensuite ? Vous êtes en pleine forme, à quel autre stade de votre vie cela vous mène-t-il ? Prenez cinq minutes par jour pour envisager ce qui se trouve derrière la colline que vous voulez grimper.

Il est important d'être conscient de ce qui va suivre chaque but une fois qu'il sera atteint. La prochaine étape de votre vie compte-t-elle davantage à vos yeux ? Si c'est le cas, foncez directement vers ce but ultime sans détour. De plus, si vous ne commencez pas dès à présent à faire ce que vous pourriez faire un jour quand votre but sera atteint, vous ne le ferez jamais.

Il est fondamental d'écrire régulièrement vos rêves, petits et grands, et d'analyser leurs corrélations. S'orientent-ils tous dans la même direction ? Si vous avez des enfants, vous souhaitez sûrement leur faire plaisir. Parfois, la crainte qu'une décision leur cause du tort bloque le processus. Vous désirez déménager, mais cela veut dire qu'ils changeront d'école et vous craignez que cela les rende malheureux... Pour déménager, vous avez besoin d'une plus importante rentrée d'argent... Vous vous demandez pourquoi vous n'arrivez pas à augmenter vos revenus... Tant que votre souhait aboutit à un sentiment de tristesse, vous demeurez bloqué.

Souvenez-vous que nous projetons souvent sur les autres les réactions auxquelles nous nous attendons. L'inquiétude attire. 93 % de la communication est non dite, et une grande partie est ressentie dans l'énergie envoyée, qui entre souvent en corrélation avec l'intention de l'autre.

Prenez le temps de songer aux raisons qui motivent vos choix. Ressentez-vous du bonheur quand vous y rêvez ? Êtes-vous stressé en pensant que cela ne plaira pas à un membre de votre entourage ? Avez-vous peur de ne pas y arriver ? Mesurez vos gestes, chacun d'entre eux a son importance. D'autre part, il pourrait peut-être s'avérer nécessaire de développer certaines des qualités que vous souhaitez retrouver autour de vous.

Tout vient à point à qui sait apprendre

Pourquoi les choses n'avancent-elles pas à grande vitesse ? Plusieurs raisons l'expliquent. La première est que vous ne seriez pas capable de gérer mentalement la vitesse de l'univers. Si vos décisions se manifestaient au moment où vous les preniez, vous seriez probablement interné.

Attention

Il faut du temps à l'être humain pour s'habituer au changement. Si vous rêviez de déménager au Japon et que vous vous y retrouviez en un clin d'œil, sans domicile, sans travail, vous ne seriez pas satisfait. Votre esprit a besoin de temps pour s'adapter à ce que vous souhaitez.

La gestion des acquis

Vous ne recevrez pas davantage que la limite que vous êtes capable de gérer. Si vous ne vous occupez pas de vos finances de votre mieux, si vous êtes perdu dans vos factures, en retard sur vos paiements, stressé à l'idée de payer des impôts sur vos revenus, vous ne gagnerez pas plus. Tant que vous ne serez pas aux petits soins pour votre corps, vous observerez sa décrépitude. Dès que vous recommencerez à prendre soin de vous, votre vitalité reviendra. Tant que vous n'investirez pas dans vos relations interpersonnelles, vous ne rencontrerez pas de gens encore plus intéressants. Les relations que vous avez déjà ne pourront pas s'épanouir au mieux de leur potentiel. Agissez en gardant à l'esprit qu'il faut réussir les actes anodins qui ne semblent pas importants. Ils cimenteront les fondations de votre réussite.

Changez d'avis... le moins possible !

Imaginez un enfant à qui l'on offre un cornet de glace. Il a une boule qui le réjouit. Après quelques pas, cette boule tombe sur le sol. L'enfant pleure. Vous retournez chez le marchand et l'enfant demande trois boules cette fois-ci. Il est évident que vous ne lui offririez pas plus d'une boule étant donné qu'il a été incapable de gérer celle qu'il avait eue. La morale de cette histoire : vous ne pouvez pas avoir davantage tant que vous ne vous occupez pas correctement de (et n'appréciez pas) ce que vous avez déjà.

Le temps vous permet de changer d'avis. D'ailleurs, la fréquence de vos réévaluations déterminera la vitesse de manifestation. Plus vous agirez comme une girouette qui, sous des effets externes, décide d'une nouvelle direction, plus la loi de l'attraction sera ralentie. C'est une des raisons pour lesquelles il est nécessaire d'être certain de ce que vous souhaitez, que ces vœux et rêves s'accordent parfaitement avec votre cœur et vos désirs profonds.

De plus, certaines conséquences négatives peuvent être provoquées par la réalisation spontanée de vos rêves, et il est préférable de prendre du temps pour les éviter. Par exemple, vous souhaitez perdre du poids rapidement, à tout prix. Vous risquez de subir des conséquences regrettables. Vous pourriez tomber gravement malade jusqu'à ce que vous atteigniez votre nouveau poids. Cependant, cette maladie pourrait provoquer des résultats indésirables. Le temps a parfois sa raison d'être.

La loi de l'attraction est ralentie quand vous devez apprendre certaines leçons afin de vous rendre plus loin dans la vie. Un peu comme si vous étiez toujours l'élève de l'école de la vie. Une leçon qui n'est pas apprise reviendra avec plus de force jusqu'à ce que vous y fassiez face et en compreniez la morale.

Lorsque vous expérimentez un échec, prenez le temps de l'analyser. Qu'avez-vous à comprendre? Pourquoi avez-vous choisi cette voie? L'échec est le meilleur indice que certaines de vos habitudes doivent être modifiées. Lesquelles? De nombreuses personnes qui subissent un échec essaient de l'oublier au plus vite et de passer à autre chose.

Vous avez perdu votre emploi? Vous avez investi votre temps ou votre argent en pure perte et ce n'est pas la première fois ? Vous vous êtes fait mal en poussant vos limites et vous regrettez cette douleur ? Vous vous retrouvez régulièrement dans une situation similaire ? Vos relations de couple finissent régulièrement de la même manière ?

Exercice

Identifiez ce qui se trouve à la source de vos défaites. Que faites-vous que vous pouvez changer ? N'ayez pas peur de vous regarder en face. Il est préférable de s'arrêter et de se poser des questions profondes sur soi au lieu de refaire sans cesse les mêmes erreurs.

Ne combattez pas par la haine et la rancœur les maux qui vous affectent. Rappelez-vous que ce contre quoi vous luttez prendra de la force. En effet, plus vous donnez de l'importance à quelque chose, plus cet élément prend de l'ampleur. De même, si vous tentez d'oublier des circonstances problématiques, vous leur donnez du pouvoir. Vous avez la fausse impression que vous ne leur offrez pas votre attention. En fait, plus vous vous forcez à ne pas y penser, plus votre attention est dirigée sur elles. Si je vous demande de ne pas penser à un éléphant bleu, la première image qui vous viendra à l'esprit est cet animal.

Réduisez vos craintes en les affrontant. Commencez par petites touches. Si vous avez peur de vos dettes, ouvrez vos factures dès que vous les recevez et payez-les, même si vous ne versez qu'un montant minimum pour leur remboursement. Si vous empilez les courriers sans vraiment savoir à combien s'élèvent vos dettes, vous ne ferez qu'attirer plus de soucis. Vous vous répéterez les montants qui vous font peur et ceux-ci attireront d'autres dettes.

Affrontez vos peurs.

Une des plus importantes leçons de la vie

Il s'agit souvent de faire preuve d'humilité et de vaincre l'arrogance. Penser tout savoir, vouloir avoir raison à tout prix, mal calculer son coup, car on se croit invincible et éternel, sont toutes des actions sous le sceau de l'ego. Celui-ci veut tout contrôler et pense mener l'univers. Il est important de se rappeler que nous sommes tous minuscules aux yeux de l'immensité. Développer son humilité aide à rester émerveillé par le miracle de la vie.

Nous expérimentons toujours des situations difficiles, des obstacles à surmonter. C'est ainsi que nous nous améliorons, que nous évoluons. Tout ce qui ne change pas meurt. L'arbre qui ne pousse plus se dessèche. Nous devons faire face à nos obstacles en sachant qu'ils n'auront plus d'importance une fois que nous serons devenus plus grands. Observez un enfant qui doit apprendre à marcher. Cela ne semble-t-il pas être pour lui la plus difficile des tâches? Combien d'essais ratés, combien de chutes sont nécessaires?

Puis cette victoire est tenue pour acquise. Quelques années plus tard, sauf en cas d'accident, il est très rare que quelqu'un se vante de savoir marcher.

Lorsque vous ferez face à un obstacle, si vous venez de subir une défaite, tournez-vous un instant et faites la liste de vos succès passés. Vous vous êtes déjà surpassé. Vous y arriverez à nouveau. Si vous avez attiré à vous cette épreuve, c'est parce que vous en avez besoin afin d'avancer. Plus vous comprendrez rapidement la leçon, plus vous dépasserez le problème et irez de l'avant. Rappelez-vous que l'arbre perd ses feuilles aussi pour se nourrir et grandir à la saison prochaine. Ainsi, vos échecs sont autant de nourritures de l'esprit qui vous permettent de grandir et d'apprendre afin de devenir encore plus fort.

L'une des façons les plus simples d'utiliser la loi de l'attraction de manière positive est **de ne pas dépendre** complètement du résultat voulu et de retenir les leçons de nos échecs, qui peuvent nous guider vers des lendemains meilleurs. Pour vous éviter les déceptions inutiles, gardez l'esprit ouvert et demeurez flexible. Être trop attaché à une éventualité en particulier envoie une onde de désespoir et de manque de confiance dans l'univers. Cela risque d'attirer plus de désespoir. De plus, lorsque vous avez une attente particulière, vous vous coupez de toutes les autres possibilités, dont certaines auraient pu vous offrir un résultat encore meilleur.

À RETENIR

Souvenez-vous que vous n'êtes pas seul. Il est très rare de faire face à un obstacle qui n'a pas déjà été surmonté par quelqu'un d'autre. Cette personne en a probablement fait mention dans un article ou un livre. Nous sommes choyés, car la technologie actuelle nous permet d'obtenir des réponses rapides aux questions qui nous perturbent. Cherchez les solutions autour de vous. Elles existent.

Nous sommes sans cesse en train d'évoluer. Nous attirons une expérience. Une fois que nous la vivons, nous comprenons que ce n'était pas tout à fait ça et nous transformons un peu nos désirs. Puis nous recevons de nouveau et, une fois encore, nous décidons que plus, c'est mieux. Lorsque vous vous attendez à une fin en particulier, vous bloquez peut-être ce qui vous convient davantage.

En demeurant ouvert à toutes les possibilités, vous pourriez être agréablement surpris. Lorsque vous écrivez vos souhaits et vos vœux, prenez l'habitude de toujours rajouter « ou mieux ». Ne vous limitez pas à ce que votre entendement connaît à ce jour ou à ce que vous pensez vouloir à tout prix. Si vous le désiriez vraiment, complètement et sans aucune hésitation, vous l'auriez déjà reçu.

Un secret: le «lâcher-prise»

Le «lâcher-prise» est un des secrets de la loi de l'attraction, qui accélère son processus. Abandonnez ses attentes ne veut aucunement dire renoncer à ses rêves. Vous devez maîtriser l'équilibre entre votre désir ardent de réussite et le renoncement au résultat.

Par exemple, vous désirez absolument vous rendre à ce rendez-vous galant. Vous faites tout pour plaire et souhaitez de tout cœur rencontrer l'âme sœur. Mais ce n'est pas la bonne personne. Vous vous en rendez compte tout de suite. Au lieu de prendre vos jambes à votre coup, profitez du moment, demandez-vous ce que vous avez à apprendre de cette personne que vous avez attirée sur votre chemin.

Imaginez que vous êtes sur le point de décrocher l'emploi idéal. Vous êtes sur le chemin de votre entretien quand une crevaison ruine votre espoir d'obtenir ce poste. Vous étiez certain d'être dans le flot de l'univers. Vous pensiez que vous aviez maîtrisé la loi de l'attraction. Vous vous retrouvez au comble du

> Profitez du moment.

malheur. Vous ne vous rendez pas compte que, à une courte distance de votre véhicule, une collision mortelle a eu lieu qui aurait impliqué votre véhicule. Vous étiez réellement dans le flot de l'univers, et votre hyperconscience vous a épargné.

Vous ne voyez peut-être pas le déroulement de toute votre histoire. Votre conscience supérieure est connectée à toutes les autres dans l'unité. Il n'existe aucune séparation réelle. Quand vous observez un vol d'oiseaux parfaitement coordonné ou un groupe de poissons qui bougent simultanément, comment ne pas s'imaginer, à une plus grande échelle, que nos gestes ne sont pas tout aussi synchronisés ?

Plusieurs auteurs décrivent la conscience supérieure comme un lieu où toutes les pensées se rejoignent. C'est un endroit que vous pouvez atteindre en rêve, lorsque votre conscient est au repos ou lorsque vous méditez en silence. De nombreux scientifiques, négociants et artistes y puisent leurs idées. C'est aussi ce qui fait que si vous pensez à quelqu'un que vous n'avez pas vu depuis longtemps, cette personne vous appellera à cet instant. La magie des coïncidences y puise ses forces.

Toutes les solutions s'y retrouvent. Lorsque vous vous sentez oppressé par un problème, relaxez-vous et prenez du temps en silence pour vous recueillir. Vous aurez beaucoup plus de chance de trouver ainsi la réponse que vous cherchez.

La plupart des gens prévoient le temps que cela prend pour arriver à un certain but. Un peu comme s'il leur fallait mériter leur dû en travaillant à un niveau de difficulté imaginée nécessaire pendant un temps considéré comme acceptable. De nombreuses personnes donnent des connotations négatives au fait de réussir rapidement. Tout cela dépend de vous. Plus vous croirez que vous méritez le meilleur, plus vous le recevrez rapidement. Quand vous serez prêt à accepter sincèrement que vous ne devez pas vous fatiguer autant pour accéder à vos rêves, l'univers bougera dans ce sens.

Exercice

Tout s'apprend. Attirer à soi des miracles est un art qui s'acquiert. Commencez petit. Débutez par attirer un élément qui vous semble banal et facile à obtenir : une pièce de monnaie, une place de stationnement, un compliment. Au fur et à mesure que votre foi en vos capacités de magicien de votre vie augmentera, ajoutez un élément, un souhait, un vœu. Plus vous vous entraînerez, plus vous serez sûr que tout arrive vers vous pour le mieux.

2. Pourquoi n'attirez-vous pas aussi vite que vous le souhaitez ?

Conclusion

Il vous arrivera de bloquer et de ne pas voir s'activer la loi de l'attraction aussi rapidement que souhaité, comme le flot du courant freiné par des rochers.
Ce qui vous empêche d'avancer provient d'un élément intérieur que vous pouvez modifier. Votre changement accélérera les manifestations positives qui suivront.

chapitre 3

ugmenter on pouvoir de nanifestation apide

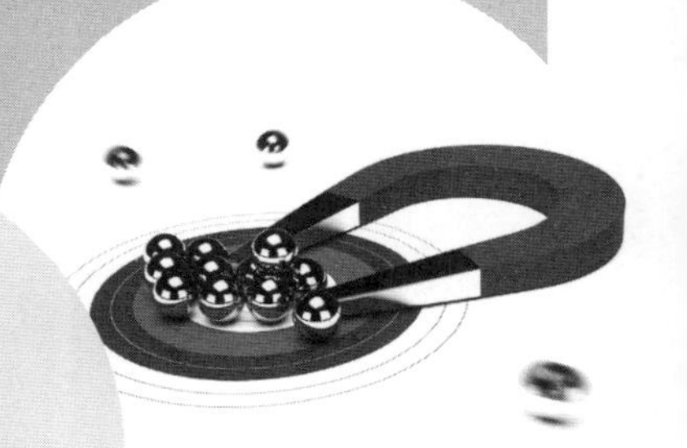

Parer aux blocages

Une fois que vous aurez compris les principes qui régissent la loi de l'attraction et les façons de parer aux blocages qui vous empêchent d'avancer, vous pourrez découvrir leurs merveilleux accélérateurs. Ce chapitre va vous aider à augmenter votre vitesse d'attraction positive.

Développer son champ énergétique

Nous avons déjà expliqué que les émotions positives associées aux rêves que vous voulez réaliser vont, par la force de la loi de l'attraction, attirer vers vous les circonstances, idées et personnes qui vont vous aider. Plus votre vouloir et votre bien-être se trouvent sur le même axe positif, plus vous vous sentez en phase, et plus vous avez de chance d'attirer le meilleur de ce que vous souhaitez.

C'est habituellement ce que l'on sous-entend par l'expression « couler de source ». Vous êtes dans le flot de l'univers et vous suivez le courant de votre source d'énergie.

En effet, les émotions positives offrent des signaux de vibrations énergétiques plus élevés. D'après Einstein, aucune énergie ne se perd, mais simplement elle se transforme. Ces fréquences vibratoires ont des répercussions sur notre environnement et vont, par la force de la loi de l'attraction, vous apporter des phénomènes positifs. Plus la vibration énergétique est élevée et positive, et plus rapidement se réalisent vos souhaits.

Les émotions positives se développent par la pratique, comme tout le reste. Des études démontrent comment vous pouvez augmenter les fréquences de vibration énergétique. Voici certains éléments à retenir qui vous permettront de vous sentir bien mieux. Ainsi, vous accroîtrez votre champ d'énergie positive et vous arriverez à attirer de meilleures expériences dans votre quotidien.

Cultivez vos émotions positives.

Se reposer : la fatigue cause une baisse d'énergie et d'enthousiasme.
Bien manger : les aliments lourds, gras, trop sucrés ou salés nous demandent plus d'effort de digestion, ce qui utilise notre énergie.
Boire de l'eau : notre corps en est principalement constitué. La déshydratation entraîne aussi une déperdition de l'énergie.
Faire de l'exercice : même s'il s'agit de marcher un peu, plus votre corps sera en forme, et plus votre niveau de vibration sera élevé.
Méditer : ce point a fait l'objet d'un développement particulier (voir p. 42 et suivantes).
Écoutez des chansons ou de la musique positive : les grands maîtres de musique classique provoquent les plus hautes fréquences de vibration. Certaines études démontrent que les lectures positives les augmentent également quand l'intention de l'auteur est positive.
Évitez les excitants et les relaxants : l'alcool, les drogues provoquent des changements énergétiques superficiels qui auront du mal à être gérés par votre corps.

Promenez-vous : l'environnement naturel nous permet d'augmenter facilement notre énergie, tout en nettoyant certains résidus et pensées négatifs.
Développer son amour, sa gratitude et le pardon : nous le verrons par la suite.

Semer les graines de l'amour

L'amour est un des plus puissants sentiments. Il peut vous aider à manifester rapidement vos rêves. Il est source de guérison et de miracles. L'amour est un sentiment qui se développe et se cultive. Il peut remplacer la colère et la rancune par de la compassion et de l'empathie.

Bon à savoir

Le premier amour à développer absolument est l'amour de soi. L'élément le plus destructeur au niveau de la loi de l'attraction positive est une mauvaise estime de soi. Si vous pensez que vous ne méritez pas le bonheur, vous ne vous permettrez jamais de l'atteindre.

Prenez le temps de vous écouter, de vous dorloter et de vous choyer. Faites en sorte que votre maison soit rangée au sens propre comme au figuré. Écoutez votre cœur et ne faites pas plaisir à autrui si cela ne vous fait pas d'abord plaisir à vous. Faites attention aux nourritures que vous offrez à votre corps, à votre esprit et à votre âme. Ne laissez pas la négativité d'autrui vous miner. Retirez-vous dans le silence de temps en temps ou allez vous promener dans la nature.

Plus vous vous aimerez, plus l'univers vous écoutera. Plus vous développerez d'amour inconditionnel envers vous, moins l'avis des autres vous importera. Ainsi, vous choisirez plus librement le chemin qui importe vraiment. En y mettant du cœur et de la passion, vous attirerez à vous tout ce qu'il faut pour y arriver.

Bon à savoir

Vous attirez ce que vous pensez mériter, rien de plus. Plus vous vous aimerez, plus vous penserez être méritant. Vous attirerez plus et accepterez plus. Il ne s'agit pas seulement de s'attirer le meilleur mais de le garder.

3

Ne vous faites pas ce que vous n'aimeriez pas qu'autrui vous fasse. En d'autres termes, agissez envers vous-même comme vous souhaiteriez que votre meilleur ami vous traite. Gardez vos promesses. Ne vous critiquez pas continuellement, mais encouragez-vous à réussir. Soyez à l'écoute de votre corps et reposez-vous quand vous en sentez le besoin. Adressez-vous régulièrement des compliments. Faites une liste de tout ce que vous aimeriez recevoir d'autrui et commencez par vous l'offrir.

Exercice

Afin de développer votre amour-propre, dressez la liste de toutes vos qualités. Prenez le temps qu'il faut pour vous retrouver entièrement. Ensuite, écrivez la liste de vos défauts et acceptez-les. Ces petits riens forment un ensemble unique qui est vous. Apprenez ainsi à vous aimer davantage.

Aimez les autres. Une fois que vous vous serez accepté complètement, il sera plus facile de vous rendre compte des qualités des personnes qui vous entourent. Vous tolérerez leurs défauts plus facilement. Nous pouvons aimer tout le monde en comprenant que chaque personne représente l'univers dans sa totalité. Vous remarquez chez autrui des traits de caractère qui vous ressemblent ou que vous essayez d'éviter. La prise de conscience de ses propres défauts permet l'acceptation de ceux des autres. L'amour des autres guérit, calme et permet de s'ouvrir à plus de potentiel humain, plus de ressources, plus d'amour.

Aimez les autres.

L'amour vous aidera à vous sentir plus léger. C'est un sentiment profond et guérisseur. Les gens qui possèdent un animal de compagnie vivent plus longtemps en meilleure santé. Cela est probablement dû à l'amour inconditionnel offert par ces êtres si adorables qui ne demandent qu'à vous aimer davantage. Imaginez un monde où nous nous aimerions tous comme nous aime la nature...

Développer sa gratitude

Gratitude et enthousiasme.

La loi de l'attraction est activée positivement par les sentiments positifs. Dans l'échelle des émotions, la gratitude est l'une des plus puissantes émotions en matière d'attraction. Amplifiez votre reconnaissance à l'égard de tout ce que vous recevez, et vous attirerez plus de belles expériences.

Nous avons observé plus tôt que notre attention était semblable à une loupe. Si vous développez votre gratitude, vous offrez votre attention à tout le meilleur dans votre vie. Automatiquement, vous provoquez la puissance de la loi de l'attraction qui va vous envoyer davantage de ce que vous souhaitez.

Plus une émotion liée à votre rêve est positive et plus l'attraction positive se fait rapidement. Le contraire est aussi valable. La gratitude et l'enthousiasme sont les émotions les plus élevées dans l'échelle énergétique. Par conséquent, leur pouvoir d'attraction est décuplé.

Dès que vous êtes reconnaissant pour un bien reçu, vous en attirez davantage. Si, au contraire, vous vous sentez déçu de ne pas avoir reçu assez, vous attirez plus de pénurie.

Il existe de nombreuses manières de développer son pouvoir d'attraction grâce à la gratitude. Le premier que je vous conseille fortement est de tenir un journal quotidien.

Exercice

Tous les matins au lever, ou le soir juste avant de vous coucher, inscrivez sur un cahier au moins dix choses pour lesquelles vous ressentez de la gratitude. Il peut s'agir de votre santé, du fait que vous possédez un toit, des amis, une famille, de l'argent, un emploi... Ensuite, écrivez la raison pour laquelle vous remerciez l'univers. La santé vous offre la vie, un toit vous garantit une certaine sécurité, avoir de l'argent vous donne les moyens de vous offrir ce que vous aimez, ainsi de suite. Complétez cet exercice tous les jours. Vous constaterez des miracles.

Quand vous faites des exercices de gratitude, il est important de ressentir vraiment cette émotion. Si vous les faites par obligation ou par dépit, vous allez rater leurs objectifs premiers. Les sentiments positifs attirent des expériences positives. Il ne s'agit pas seulement de rationaliser et d'énumérer les raisons pour lesquelles vous êtes reconnaissant, mais de les intérioriser et de vous sentir rempli de bonheur.

Exercice

Celui-ci est très simple. Il s'agit de prononcer la parole magique « merci » dès le réveil et de la répéter pour tout ce que l'on voit et fait dans la matinée.

Se sentir reconnaissant d'avoir bien dormi, de posséder un lit, de l'eau coulant à flots pour prendre sa douche, un corps qui fonctionne à merveille, des yeux pour se reconnaître dans le miroir, etc. Évidemment, remerciez également le ciel du bonheur d'avoir reçu une nouvelle journée pour vivre et faire de votre mieux. Se réveiller dans la gratitude entraînera une suite d'événements positifs tout au long de la journée. Ainsi, vous ne vous réveillerez jamais plus du mauvais pied, attirant de fait des circonstances négatives dans votre quotidien.

Si vous cherchez un emploi, écrivez tout ce que vous remerciez en rapport avec cet état de fait. Par exemple, vous pouvez songer que l'univers est fantastique car d'autres personnes travaillent ou que vous avez déjà travaillé. Soyez heureux que cela vous offre un peu plus de temps libre, que vous pouvez employer pour développer plus de connaissances, de qualités ou pour vous permettre de changer de carrière. Remerciez pour l'argent reçu tout au long de votre vie et soyez reconnaissant pour ces cadeaux du passé que vous aviez peut-être pris pour acquis.

EXERCICE

Le troisième exercice consiste à ressentir de la gratitude pour ce qui vous manque le plus. Celui-ci semble un peu plus complexe, mais le jeu en vaut amplement la chandelle.

Si vous cherchez l'âme sœur, vous pouvez détailler tous les moments d'amour que vous avez vécus par le passé. Sentez-vous reconnaissant de vous retrouver seul pour réfléchir sans être dérangé. Soyez heureux de pouvoir faire ce que vous voulez sans compromis ou de prendre le temps de trouver une personne qui vous conviendra bien mieux que la précédente. Remerciez l'amour que vous voyez autour de vous au quotidien et vous en recevrez de plus en plus.

Si vous voulez une meilleure santé, ne pensez pas à votre maladie en combattant et en haïssant cette région de votre corps qui vous fait souffrir. Au contraire, offrez de l'amour guérisseur à cet endroit malade. Soyez heureux que tout le reste fonctionne à merveille. Faites la liste de tout ce qui fonctionne dans votre corps et bénissez chacune de ces parties. Souvenez-vous avec joie de tous les moments de santé que vous avez expérimentés et offrez-vous l'espoir que vous pouvez les retrouver.

Tout vient à point à qui sait apprécier. Le temps que cela prendra pour recevoir votre dû dépend souvent du temps que cela vous prendra avant d'apprécier ce que vous avez déjà. Apprenez à aimer tout ce que vous avez et vous recevrez davantage de bien dans votre vie. Fuyez l'arrogance et ne soyez pas désabusé. Exercez la gratitude quotidiennement et vous augmenterez votre pouvoir d'attraction.

Fuyez l'arrogance.

Pour aller plus loin

Pratiquez la gratitude toute la journée. Promenez-vous avec un petit cahier et un stylo et notez continuellement les bonnes nouvelles de la journée. Vous vous rendrez compte rapidement qu'elles augmenteront de manière exponentielle.

Apprendre à pardonner

Il est intéressant de constater à quel point certaines personnes s'accrochent à la rancune. Vous êtes-vous aperçu que le fait d'en vouloir à quelqu'un ne change absolument rien à son existence ? Cette personne ne sait peut-être pas que vous êtes en colère. Elle peut vivre sa vie dans le bonheur et la désinvolture, alors que vous vous rongez les sangs à vous rappeler à quel point elle vous a fait souffrir.

Qui cela blesse-t-il réellement ? Si quelqu'un vous a fait du mal une fois, c'est du passé. Si vous traînez cette meurtrissure, vous répétez l'offense. Cette fois-ci, l'autre ne vous fait plus de mal. En revivant l'expérience, en la racontant avec colère, c'est vous qui vous faites du mal. L'autre a quitté les lieux depuis belle lurette.

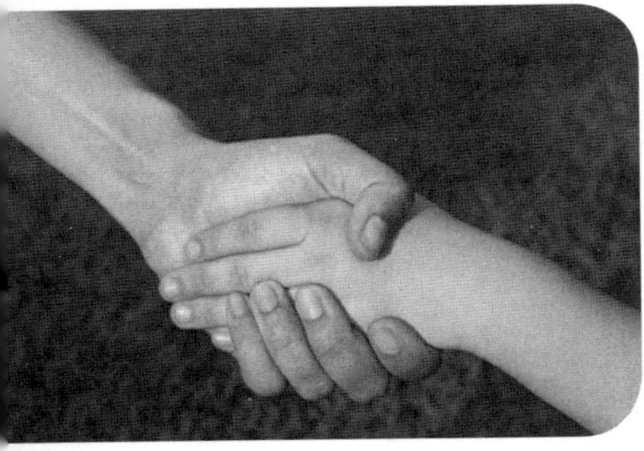

Si vous avez un reproche à faire, faites-le calmement à la personne concernée. Si elle sollicite votre pardon, ce sera votre choix de le lui accorder ou non. Si elle ne ressent aucune culpabilité, c'est encore votre choix que de lui pardonner.

Le pardon n'a rien à voir avec l'acceptation. Quelqu'un peut avoir commis des actes répréhensibles regrettables et intolérables. Vous avez la possibilité et le devoir de vous protéger en établissant des limites acceptables, que personne ne peut transgresser. Vous n'avez pas besoin de revenir les bras ouverts vers quelqu'un qui vous a fait du tort.

Si vous avez à évacuer de grosses douleurs passées, ramenez-les à ce qu'elles sont: *passées*. La meilleure manière de guérir une plaie n'est pas de la rouvrir à tout bout de champ. Le pardon consiste à laisser partir le passé. Il ne s'agit pas de l'effacer ou de l'oublier, mais de comprendre que nous sommes tous sur une route d'apprentissage et que nous y commettons tous des erreurs petites ou grandes.

Exercice

Relâchez la douleur que vous avez expérimentée.
Vous pouvez le faire de diverses manières. Pour les blessures moindres, rappelez-vous que, vous aussi, vous avez commis des erreurs similaires et que tout le monde peut se tromper. Votre amour-propre a peut-être été blessé parce que quelqu'un n'avait pas agi à la hauteur de vos attentes. Les aviez-vous clairement exprimées ? Peut-être que vous trouvez l'autre trop égoïste de ne pas s'être plié à votre égoïsme.

L'un des plus grands freins à l'amour de soi est l'incapacité de se pardonner une erreur passée. Lorsque l'on éprouve du ressentiment, on se reproche souvent aussi l'erreur de s'être fait duper ou blesser par la personne en question. Un cercle vicieux qui ne peut que vous détruire à petit feu. La culpabilité est source de nombreuses maladies. Elle ronge de l'intérieur et freine votre succès.

Le plus important pardon est celui que vous dirigez vers vous. Sachez qu'à chaque instant vous faites au mieux. C'est évident. Vous ne ferez rien pour vous nuire intentionnellement au moment où vous posez un geste. Vous agissez toujours au mieux de vos connaissances à ce moment précis. Dès que vous agissez, vous n'êtes déjà plus la même personne. Vous avez immédiatement changé. En effet, l'action vous a permis d'évoluer et d'accumuler une expérience, aussi petite soit-elle. Dès cet instant, vous avez grandi.

À RETENIR

Le ressentiment est un fardeau, rien de plus. Il ne vous apporte rien de positif. S'apitoyer sur son sort de victime ne fait qu'attirer plus de raisons de se sentir blessé. Vous pouvez choisir de vous concentrer sur votre bonheur. Vous pouvez décider de vous départir de la rancœur afin de libérer de l'espace pour plus de joie dans votre quotidien.

La personne transformée regarde ensuite immédiatement derrière soi en posant un jugement: «Comment ai-je pu faire une chose aussi stupide?» Elle peut se critiquer et s'en vouloir. Cependant, ce n'est plus la même personne. Celle qui a agi l'a fait en s'imaginant que c'était la meilleure ou la seule option possible.

Aimez-vous !

Cessez de juger vos actions passées et de vous en vouloir. Rappelez-vous que vous faites toujours au mieux de vos connaissances pour votre bien ultime. Il se peut que vous ayez saboté certains de vos plans. Néanmoins, vous l'avez fait car vous pensiez vous protéger d'un mal plus grave que vous aviez perçu ou imaginé. En développant l'amour de soi, vous serez moins enclin à miner vos projets.

Afin de pardonner quelque chose à autrui, dites-vous que, au moment où cette personne a agi ainsi à votre égard, elle pensait réellement que c'était la meilleure option pour tout le monde. Elle l'a fait dans la limite de ses connaissances du moment, et au mieux de son expérience. Elle a peut-être agi avec égoïsme, mais cela est tout à fait normal. Il est préférable de penser d'abord à soi.

Le pardon est l'une des plus grandes libérations de l'âme. Laissez le passé derrière vous. Arrêtez de le traîner comme un boulet qui vous emprisonne dans la haine et le ressentiment. Développez l'art de pardonner petit à petit, commencez par de petites blessures que vous souhaitez guérir. Ensuite, développez le pardon pour chacune des grandes douleurs qui vous font encore souffrir. Plus vous les laisserez partir, plus vous vous sentirez léger, à même de prendre votre envol vers des sommets inédits. Rappelez-vous, la culpabilité réduit votre amour propre. Cela réduit votre capacité d'attirer à vous le meilleur.

Le pouvoir de l'intention

L'intention donne lieu à la manifestation volontaire et consciente, une puissante façon d'utiliser la loi de l'attraction. Afin de développer ce pouvoir, il vous faudra en quelque sorte devenir ce que vous souhaitez recevoir. Le pouvoir de l'intention est à la source de la loi de l'attraction. Cette force vous permettra de vous ouvrir à l'énergie de la vie et d'utiliser cette source pour manifester le meilleur.

Le pouvoir de l'intention se développe en pratiquant certaines lois fondamentales. En vous améliorant profondément, vous serez plus en phase avec le pouvoir d'attraction positive. Vous avez la capacité de « muscler » chaque partie du cerveau en vous exerçant.

Développer votre talent créatif vous permettra de trouver des idées qui vous rapprocheront de vos rêves. En transformer les intentions en manifestations concrètes vous demandera de développer votre imagination pour visualiser votre but sous toutes ses formes et ainsi vous en rapprocher.

Renforcez votre bonté en fondant vos actions sur l'intention de servir autrui et de penser positivement. Si vous souhaitez réaliser vos rêves, faites-le à travers la bonté envers les autres. Vous serez amplement récompensé grâce à la loi de la réciprocité. Habituez-vous à offrir de la gentillesse sans rien attendre en échange : complimentez une caissière ou aidez une personne âgée à traverser la rue, par exemple. Votre amabilité augmentera votre amour-propre, qui se répercutera sur votre pouvoir d'attraction positive.

Développez votre capacité à vous émerveiller !

Lorsque vous êtes dans une situation délicate, demandez-vous si vous souhaitez davantage être gentil envers autrui ou lui imposer le fait d'avoir raison. La bonté devrait gagner à tous les coups. Cela bâtira votre victoire sur le long terme.

Votre force va être décuplée si vous arrivez à transformer votre colère, votre ressentiment, votre haine en amour. Cela ne se produit pas du jour au lendemain, certes. Cependant, vous serez témoin de miracles lorsque vous incorporerez sincèrement l'amour dans vos gestes et paroles.

La beauté est l'essence de l'être humain. Votre capacité à vous émerveiller vous permettra de redevenir humble et de laisser agir l'univers dans le sens de votre intention, sans vous en mêler. En observant la beauté qui vous entoure, vous vous libérez de vos pensées négatives, de vos doutes et de vos peurs. En face de la beauté, votre cœur redevient enfant, vous revivez dans le moment présent et vous vous ouvrez aux miracles. Faites-en une habitude. Cherchez la beauté dans tout ce qui vous entoure.

L'expansion vous offre la capacité de vous sentir plus fort face à votre problème. Vous développez la certitude que toutes les réponses se trouvent en vous. Vous êtes plus près de votre source d'énergie et, par conséquent, plus à même d'attirer des résultats positifs.

Trucs et astuces

Observez la nature en expansion autour de vous, et sachez que vous en faites entièrement partie. Vous aussi avez la capacité de grandir, d'évoluer et de prendre de l'expansion. Pour ce faire, l'une des manières les plus pratiques est de toujours continuer d'apprendre.

L'abondance infinie vous donnera la chance de vous libérer des croyances passées, associées aux limites. Vous n'aurez plus besoin de penser en termes négatifs d'impossibilité. Vous accepterez l'idée que tout est possible et que vous pouvez attirer tout le meilleur sans compromis. Une fois de plus, vous pratiquerez ce sentiment en cherchant l'abondance qui vous entoure. Prenez note de tout ce qui prouve son existence dans la nature, dans vos pensées, dans le visage des gens autour de vous, dans la variété des goûts et des sentiments, ainsi que dans les possibilités infinies qui se dévoilent au rythme de votre intention.

La réceptivité vous ouvrira à tous les biens que vous croyez mériter. En restant sûr de vous et positif sans juger ce qui vous arrive, vous vous ouvrez aux possibilités infinies de l'univers. Débutez votre journée, debout, les bras grands ouverts, respirant profondément, prêt à recevoir tous les bienfaits de l'univers.

Pour aller plus loin

Vous pouvez vous procurer le livre *Le pouvoir de l'intention* de Slavica Bogdanov, paru aux Éditions Jouvence.

Le pouvoir de l'intention se bâtit avec le temps. En constante intégrité à l'égard des autres, et de vous-même, vous vous rapprocherez de votre source d'énergie. Dans cette source, vous puiserez tout ce dont vous avez besoin pour attirer vos désirs. Cela se traduira par la rencontre de personnes qui vous offriront les réponses que vous cherchez ou par des circonstances qui vous rapprocheront de votre but.

Pour aller plus loin

La générosité sincère augmente votre pouvoir d'attraction. En effet, si vous êtes capable de donner généreusement, cela démontre à l'univers que vous croyez à l'abondance. En offrant, vous faites de la place pour recevoir davantage. De plus, grâce à la loi de l'attraction, votre générosité attirera de la générosité.

Cultiver le soulagement

Imaginez un instant que l'on vient de vous apprendre une horrible nouvelle. Vous êtes sous le choc, anéanti. Puis, quelques instants plus tard, vous vous rendez compte que tout cela n'était qu'un affreux cauchemar, que rien n'est vrai et que tout va pour le mieux. Vous respirez profondément, relâchez tout le stress. Nous pouvons appeler cela le soulagement.

Exercice

Imaginez que vous n'avez plus d'ennuis financiers, que votre santé est parfaite, que vos amis et parents proches vont du mieux possible ou que vous vivez une merveilleuse relation amoureuse. Prenez le temps de visualiser que le problème qui vous cause tant de nuits blanches est résolu. Prenez une profonde respiration et relâchez-la.

La meilleure façon d'attirer vers soi ce que l'on souhaite le plus n'est pas de s'inquiéter du problème, mais de se sentir soulagé de sa résolution. Que se passerait-il si vous viviez sans cesse dans un état de soulagement? Vous n'auriez probablement plus de raisons de vous faire du souci. L'inquiétude (ce sentiment qui noue les tripes) provoque les soucis. Non l'inverse.

Pourquoi alors tant de gens sont-ils soucieux? Les soucis semblent conférer un élément d'importance à ceux qui les subissent. L'image de l'homme d'affaires riche n'est-elle pas celle d'un être au visage fermé, inquiet et aux sourcils froncés? Les soucis permettent les échanges. La plupart des personnes qui se plaignent le font pour avoir quelque chose à raconter. Rares sont ceux qui se plaisent à écouter les histoires de succès.

L'ego vous mène-t-il par le bout du nez? Vous a-t-il convaincu que vous devez sans cesse vous battre et vivre des hauts et des bas? L'une des raisons principales pour lesquelles la plupart des gens vivent dans le souci, et non dans le soulagement, est qu'ils s'y sont habitués.

Nous sommes des êtres pétris d'habitudes, nous adorons rester dans notre zone de confort. Il est très difficile de sortir de cette zone, et le dépassement de cette limite est associé à l'inconnu, ce qui a pour effet de causer de la peur. Qui dit peur dit danger.

3

Le cerveau associe ce dernier à quelque chose de négatif qu'il faut éviter à tout prix.

> N'ayez pas peur du succès.

Si vous êtes habitué à être inquiet, soucieux du futur, stressé par vos problèmes, cet état devient votre zone de confort. Si vous courez perpétuellement vers de nouveaux succès, la quête, et non l'atteinte de ses buts, devient la norme. Dès que vous sortirez de cet état «normal», vous serez en dehors de votre zone de confort, dans l'inconnu. Vous aurez beaucoup plus de chance de retourner à la zone connue de stress et de soucis.

C'est l'une des raisons pour lesquelles de nombreuses personnes sabotent leur réussite. Le succès, ce sentiment d'être au sommet, et le soulagement peuvent faire peur si on ne les a jamais expérimentés. Certains individus demeurent dans une situation extrêmement précaire, voire hostile, simplement parce qu'ils s'y sont habitués.

Pour améliorer grandement vos conditions de vie et atteindre vos rêves, vous devez dès à présent vous accoutumer à vivre dans le succès. Ainsi, vous devez vous exercer à ne plus accepter le souci comme choix de réaction. Il est nécessaire d'agir dans chaque domaine de votre vie en y prêtant attention, en le faisant avec intérêt, en prenant votre temps, en vivant avec succès.

Exercice

Visualisez la manière dont vous vous comporterez quand vous aurez atteint vos rêves et n'aurez plus à vous soucier de rien. Vous pourriez enfin prendre le temps de vivre et profiter de votre existence pleinement, n'est-ce pas ? C'est ce sentiment qu'il vous faut développer dès à présent. Prenez cinq minutes par jour pour vous imprégner de cette sensation de bien-être.

Il est primordial que votre zone de confort devienne le soulagement, la joie, la sérénité. Cela peut paraître difficile à envisager, mais ça s'apprend. Au fil des ans, vous avez pratiqué, des heures durant, l'art de vous inquiéter et de vous faire du souci. Enfant, vous viviez probablement dans l'insouciance complète. La satisfaction de vos besoins essentiels était prise en charge par vos dieux (les parents) et vous ne doutiez pas de recevoir tout ce dont vous aviez besoin. Les enfants qui ont vécu dans des conditions extrêmement désagréables développent une tendance à se faire du souci plus rapidement.

Si votre point d'ancrage, votre centre de gravité, est le souci ou le manque, vous ne pourrez pas vous en sortir sans expérimenter un déséquilibre. La préoccupation et le stress sont des choix de sentiments que vous pouvez changer. Dans la plupart des cas, ils sont associés à des éventualités futures, qui ne sont pas réellement fondées sur le présent, mais, à tort, sur des expériences plus ou moins similaires dans le passé.

Bon à savoir

Le futur n'est jamais gravé dans le marbre. Il est toujours malléable. Il peut se transformer en une fraction de seconde. Un coup de téléphone, une rencontre inattendue, un changement au programme, une idée de génie sont autant d'éventualités qui influencent votre devenir. Ne vous limitez pas à vos peurs anciennes pour imaginer votre avenir. Concentrez-vous sur ce qui compte vraiment : le présent.

Les expériences passées n'ont aucun contrôle sur votre futur. Vous êtes maître de votre destinée. Vous n'avez pas à être victime de conclusions similaires à des événements identiques. La meilleure manière de reproduire dans le futur des finalités négatives identiques à celles que vous avez vécues est de vous en faire. Les soucis, la préoccupation, le stress enclenchent la loi de l'attraction dans le sens négatif et vous fournissent les preuves que vous aviez raison d'avoir peur. Selon la fréquence à laquelle vous privilégiez le stress et la préoccupation, vous éprouverez plus ou moins de difficultés à vous habituer à vivre dans le succès, le soulagement et le bonheur.

Exercice

Afin d'expérimenter le soulagement à n'importe quel moment de votre vie, rappelez-vous cette bouffée d'air que vous lâchiez à la suite d'une bonne nouvelle apaisante. Respirez de la même manière plusieurs fois d'affilée, en vous répétant une option positive à laquelle vous avez choisi de croire, qui remplace la catastrophe que vous vous étiez imaginée au départ. Le cerveau associera cette respiration avec le sentiment de soulagement et, avec le temps, vous vous habituerez à vivre dans cet état plus que dans l'autre.

Pour développer le bonheur et la joie de vivre, il est nécessaire de pratiquer le pardon, l'amour et la gratitude. Vous relâcherez d'anciennes rancœurs, vous libérerez votre cœur des peines passées et serez plus ouvert à toute l'abondance qui vous entoure.

Rappelez-vous que tous les sentiments viennent de vous et que vous avez le choix, à tout moment, de changer votre façon de réagir. Si vous pensez à une éventualité négative qui vous noue le ventre, prenez une grande respiration et rappelez-vous que vous avez choisi de vivre dans le succès et dans le soulagement, et donc de décider de la possibilité future qui correspond à ce sentiment positif. Vous attirerez ainsi des miracles.

Conclusion

L'amour, le pardon et la gratitude sont des forces énergétiques extrêmement puissantes. En développant ces sentiments, vous serez à même d'attirer des miracles dans votre quotidien. En vous habituant au soulagement, vous baignerez dans une magie quotidienne qui ne surprendra plus que ceux qui vous observent.

Conclusion

Certaines personnes semblent avoir toujours de la chance. Elles paraissent vivre dans un flot magique. Lorsqu'elles racontent leur quotidien, vous avez l'impression que tout leur arrive par miracle, au moment opportun et de la meilleure manière possible et imaginable.

Ces gens-là vous parlent de suivre le flot de l'univers. Ils ont un sourire presque à toute épreuve. Ils parlent avec amabilité et semblent faire réellement attention à vous et à ce qui se passe autour de vous. Ces personnes parlent avec amour. Elles vantent les mérites du pardon. Elles ne se lassent pas de remercier le ciel de tous les bienfaits qui leur sont octroyés.

Ces individus existent et vous pouvez en faire partie. Par choix de vie, en utilisant les principes expliqués et en suivant les exercices offerts, vous aussi pouvez vous offrir la vie rêvée. Si vous vous sentez bloqué dans votre cheminement, revenez à ce livre et refaites les exercices. Prenez le temps de vous retrouver dans le silence quotidiennement. La méditation nourrit votre âme et vous permet de vous connecter au flot universel. Profitez de cette connexion dans laquelle vous trouverez toutes les solutions dont vous avez besoin.

Les seules limites sont celles que l'on s'inflige. Apprenez à vivre dans le soulagement et le bonheur. Vous n'avez aucun besoin de tracas. Vous n'avez pas à choisir de vous en causer. Vous avez l'option de toujours expérimenter le bonheur, à tout instant.

Rappelez-vous que vous êtes au volant de votre vie. Vous êtes responsable de tout ce qui vous arrive. Vous avez le droit, le pouvoir et le choix d'être heureux. En fait, c'est votre réelle raison d'être sur cette planète.

Si une idée, un rêve ou un but vous est venu à l'esprit qui vous remplit de joie et d'enthousiasme, vous possédez en vous également tous les moyens pour le concrétiser.

Je vous souhaite de devenir maître de la loi de l'attraction et de vous construire une vie remplie de magie et de miracles !

Bibliographie

Mon Cahier poche : Je pratique la loi de l'attraction, Slavica Bogdanov, Éditions Jouvence, 2013.

Boost Your Brain Power, Slavica Bogdanov, CreateSpace, 2012.

La Loi de l'attraction, Esther et Jerry Hicks, Guy Trédaniel Éditeur, 2008.

Le Fabuleux Pouvoir des émotions, Esther et Jerry Hicks, Guy Trédaniel Éditeur, 2009.

Le Livre des coïncidences, Dr Deepak Chopra, J'ai lu, 2009.

Les Quatre Accords toltèques, Don Miguel Ruiz, Éditions Jouvence, 2005.

Les Sept Lois spirituelles du succès, Dr Deepak Chopra, J'ai lu, 2004.

Les Lois dynamiques de la prospérité, Catherine Ponder, Un monde différent, 2008.

La Magie, Rhonda Byrne, Guy Trédaniel Éditeur, 2012.

Le Pouvoir de l'intention, Dr Wayne W. Dyer, J'ai lu, 2006.

Votre parole est une baguette magique, Florence Scovel Shinn, Éditions Nicole Bussière, 2009.

Le Jeu de la vie et comment le jouer, Florence Scovel Shinn, Éditions Nicole Bussière, 2009.

À propos de l'auteure

Née à Belgrade et élevée à Paris, **Slavica Bogdanov** a déménagé ensuite au Canada, où elle a obtenu un master en histoire des communications à l'université de Montréal. Elle habite aujourd'hui en Floride, réalisant ainsi l'un de ses rêves, à savoir vivre à Miami, au bord de l'océan. Auteur, formatrice et coach de vie, elle fonde son approche sur trois piliers fondamentaux : se fixer des objectifs, optimiser son temps, avoir une bonne estime de soi. Elle donne de nombreuses conférences sur la façon dont on peut vivre sa vie pleinement et en prendre le contrôle. Elle est notamment l'auteur du *Mon Cahier poche : Je pratique la loi de l'attraction*, paru aux Éditions Jouvence. N'hésitez pas à consulter également son site *http://www.attractitude.com* et contacter directement l'auteur à l'adresse mail suivante :
info@attractitude.com.

De la même auteure aux Éditions Jouvence :

Mon Cahier poche : Je pratique la loi de l'attraction

Apprenez à attirer le meilleur à vous dans tous les aspects de votre vie avec la loi de l'attraction ! Grâce à des outils faciles à mettre en place, débarrassez-vous de l'énergie négative qui mine votre quotidien, retrouvez une plus grande paix intérieure, une vie plus heureuse et plus harmonieuse !

104 pages • 5,70 €

De la même auteure aux Éditions Jouvence :

Mon Cahier poche : Je pratique la loi de l'attraction

Apprenez à attirer le meilleur à vous dans tous les aspects de votre vie avec la loi de l'attraction ! Grâce à des outils faciles à mettre en place, débarrassez-vous de l'énergie négative qui mine votre quotidien, retrouvez une plus grande paix intérieure, une vie plus heureuse et plus harmonieuse !

104 pages • 5,70 €

Crédits photos

Achevé d'imprimer en juin 2018
Imprimé en Bulgarie
Dépôt légal : juin 2018